관觀 치治 농弄

제5회 수필미학문학상 수상 작품집

관觀 치治 농弄

초판 1쇄 발행 2024년 1월 22일

지은이 이양주
펴낸이 신지원
펴낸곳 도서출판 소소담담
등 록 2015년 10월 7일(제2017-000017호)
주 소 대구광역시 북구 호국로 43길 7-19
전 화 053-953-2112

ISBN 979-11-983129-5-2 (03810)
ⓒ 이양주 2024

*저자와 출판사의 사전 동의 없는 무단 전재 및 복제를 금합니다.
*책값은 뒤표지에 있습니다.

제5회 수필미학문학상 수상 작품집

관觀 치治 농弄

이양주 수필집

소소
담담

• 머리말

    수필미학문학상이 5회째를 맞이했다. 등단하여 작품 활동을 꾸준히 이어온 결과를 작품집으로 처음 출간하고자 하는 작가 한 사람을 선정하여 이 상을 수여해 왔다. 작품집을 출간해 주는 것이 이 상의 시상 내용이다. 한 수필가를 제대로 평가하려면 한 권의 작품집이 최소 단위가 되어야 한다는 생각에서 출발했다. 이는 한두 편의 작품으로 작가를 평가하는 수필 문단의 문학상 제도를 청산해야 한다는 제안이기도 하다. 이렇게 출발한 수필미학문학상이 벌써 5회째를 맞아, 이번에는 이양주 수필가에게 그 영광이 돌아갔다.

    이양주 수필가는 10년 전에 등단했다. 그간 많은 작품을 발표하기보다는 각 작품의 완성도를 높이는 데 무게를 두고 문학 활동을 해왔다. 창작에 온 힘을 쏟으며 집중하는 창작 태도에서 수필가로서 투철한 프로의식을 엿볼 수 있다. 이운경 평론가는 작품론에서 이양주 수필은 "묵직하고 경건하고 청신"하며, 그의 문장은 "한 편의 기도문을 읽듯 독자를 긴장시키는 힘과 내면의 진정성"을 반영하고 있다고 하였다. 작품 곳곳에 불교적 색채가 배어 있으나 그것이 종교적이고 관념적 세계를 지향하지 않고 오히려 현실적인 삶을 성찰하는 내면적 기제로 작동한다는 점은 이양주 수필의 장점이 아닐 수 없다. 이러한 장점이 앞으로 더 크게 확장되기를 기대한다.

2023년 12월
《수필미학》발행인 신 재 기

• 작가의 말

살면서 제대로 피워 보지 못한 넋이 꽃이 된다지요.
슬픔의 촉이 자꾸만 꽃을 밀어올리고 있었습니다.
꽃이 자라는 자리는 밖이 아니라 안인 것을요.
꽃이 피고 지는 이유를 제대로 알지 못하나
헛꽃이라도 피우고 싶었습니다.
세상이라는 바깥이 없다면
어찌 꽃을 피울 수 있을까요.

그동안 선한 인연들의 덕을 많이 입었습니다.
저를 여태 살린 것은 제가 아니라 세상이었습니다.
글들도 인연에 의해 세상과 함께 쓰인 거라는 걸 보았습니다.
천천히 고마운 이름들을 불러 봅니다.

세상 길모퉁이
꽃핀 자리 지나가실 때
임들의 발등이 환해졌으면 좋겠습니다.

2023년 12월
푸른 섬 거제에서
西花 이 양 주

| 차 | 례 |

- 머리말 4
- 작가의 말 5

1부 조율하십니까

흑매당黑梅堂 11

젖은 경전을 읽다 15

조율하십니까 19

석굴암 고해 성사 24

내가 깨어나지 못한 시간에도 29

관觀 치治 농弄 34

2부 음악, 말 걸다

노자와 베토벤 41

몸의 협주곡 46

곡비哭婢 울다 50

다 55

동토凍土 60

자명自明 65

음악, 말 걸다 72

3부 길을 찾는 사람들

생각이라는 병　79

선방 문고리　84

랑골리　88

그리움의 자리　92

종과 당목　97

지심도 연가　101

화독花毒　105

길을 찾는 사람들　109

불이不二　115

4부 독락당

봄을 훔치다　121

고생과 고행　127

마음속의 꽃　132

선생님 짜장면 사드릴게요　136

고요를 부르다　140

블루 크리스마스　144

스마일 배지　149

독락당　154

미소, 인도양의 진주　160

5부 세제世齋

난이와 나 169

삼영극장 174

남몰래 흘리는 눈물 179

장구가락 염불 184

시, 연행하다 189

은유, 그 하나 됨 196

허명虛名 199

잡雜과 나 202

세재世齋 207

【작품론】

성찰과 수행을 통한 슬픔의 승화 | 이운경 211

1부

조율하십니까

흑매당黑梅堂

젖은 경전을 읽다

조율하십니까

석굴암 고해 성사

내가 깨어나지 못한 시간에도

관觀 치治 농弄

흑매당 黑梅堂

꽃에 베이다니.

꽃이 사람 마음을 베이게 한단다. 화엄사에 사는 홍매 한 그루가 하도 붉어서 검은색이 돌아 흑매란 이름이 붙여졌다는데, 보는 순간 마음이 쓰윽 베인다고 한다. 그 얘기를 처음 듣자마자 피가 온몸을 한 바퀴 돌며, 마음속에 그 나무가 쑤욱 들어섰다.

조선 숙종 때 계파선사가 각황전을 중건하면서 기념으로 심었다는 홍매 한 그루. 어리고 착한 뿌리 하나가 터를 잡아 삼백 년을 훌쩍 넘겼다고 한다. 기나긴 세월 제자리를 지키며 견뎌낸다는 것, 그리고 마침내 꽃을 피운다는 의미를, 나는 오래된 삶에게 묻고 싶었다.

산문을 들어서는데 마음이 먼저 앞장선다. 연인을 만나러 가는 심정이 이럴까. 이런 떨림을 가져본 지 언제였던가. 오랜만에 느껴 보는 묘한 흔들림이다.

닮고 싶은 인간 모델이 점점 사라져 가는 세상, 꽃이라도 닮고 싶은 것일까. 홍매 나무 근처엔 많은 사람의 발길로 붐비고 있다. 근래에 종무소로 걸려 오는 전화의 대부분이 홍매의 개화를 묻는 거라고 한다. 사람들은 저마다의 방식으로 홍매를 만나고 있었다. 연신 카메라 셔터를 누르는 사람들, 곁에 다가가 한 풍경 속에서 보는 사람들, 홍매를 화폭에 담기 위해 삼 년째 먼 길을 달려왔다는 화가도 있었다. 꽃이 피는 건 잠시라며 때를 맞추기가 어렵다고 말한다. 우리 인생의 화양연화花樣年華 같은 순간도 참으로 짧지 않은가.

인간의 몸을 빌려 난 부처의 피가 이렇게 붉었을까. 수백 년을 법음法音 법향法香 속에 살아서일까, 늙은 가지가 비틀어지고 굽었으나 참으로 멋진 자태를 지녔다. 마음이 붉은 꽃가지 위에 앉는다. 봄날 매화 가지에 앉고 싶은 것이 어찌 사람 마음뿐이랴. 하늘도 구름도 머물러 있다. 새와 나비들도 다녀갔으리라. 꽃은 저 혼자 저절로 피는 게 아니다. 저를 스쳐 간 숱한 인연이 있었기에, 공존이 있었기에 가능한 것이리라.

쉽게 살지 않았다. 수많은 계절과 모진 시련을 견뎌내고 마침내 피워 낸 덕의 꽃이다. 요란을 떨지도 않는다. 교만한 모습도 아니다. 그냥 있어야 할 자리에 묵묵히 제 할 일을 다할 뿐. 칭찬하려

하나 그런 것엔 이미 초연한 모습이다. 일찍이 보여 주려 한 삶이 아니었다.

홍매 곁에서 한참을 머물다가 방사에 들어 짐을 풀었다. 산사의 밤은 빨리 깊어진다. 이 밤을 몹시 기다렸다. 달빛을 온몸으로 받으며 서 있을 월매月梅의 암향暗香을 맡으며 함께 춘정을 나누고 싶었다. 한데 야속하게도 비가 내린다. 잠을 청해보는데 문살에 매화의 그림자가 어른거리는 것 같다. 빗소리가 창호를 적신다. 몸을 일으킨다. 툇마루 끝에 서 있는 우산 하나가 눈에 띄지만, 홍매랑 우산 하나로는 함께 비를 피할 수가 없어 그냥 빗속으로 걸어 들어간다. 천오백 년 고찰도 나무들도 꽃들도 무정 유정물이 다 비를 받아들이고 있다. 밤에 서 있는 나무들의 모습이 수도자를 닮았다는 생각이 문득 든다.

비를 맞으며 어둠 속에 홍매가 홀로 서 있다. 다가가 손을 얹는다. 차갑게 젖어 있다. 춥냐고 물어본다. 사람은 인정에 늘 흔들리지만, 홍매는 차가움이나 뜨거움과 같은 상대적인 경계는 이미 벗어났기에 초연한 모습이다. 당당하고 붉은 기운이 무척이나 선연하다. 흑매黑梅라고 이름 붙인 이유를 알 것도 같다.

내 피도 이만큼 붉었으면 좋겠다. 수많은 삶의 굴곡 앞에서도 나답게 살아내어, 나라는 존재만으로도 누군가에게는 위로와 격려가 될 수 있었으면 좋겠다. 만일 내생이 있어 다시 이 세상에 와 몸을 받아야 한다면 화엄사 흑매면 좋겠다고 발원한다.

밤이 점점 깊어간다. 발걸음을 옮긴다. 잠든 여러 전각들이 다가왔다 멀어져간다. 뒤돌아본다. 저기 어둠 속에 법당 하나 우뚝 서 있다. 이 세상 어느 법당이 저리 붉을 것인가. 나는 흑매당黑梅堂이라 이름 붙인다. 내 맘속에 살아 숨 쉬는 법당 하나 소중히 앉힌다.

젖은 경전을 읽다

　어둠 속으로 한 줄기 강물이 되어 기차가 흘러들어 간다. 내 삶을 실은 기차도 시간의 강물을 따라 흐르고 있다.
　밤기차의 이층 침대칸에 피곤한 몸을 눕혀 보지만, 밀폐된 공기와 삐걱거리며 돌아가는 선풍기 소리 때문인지 도저히 잠을 이룰 수가 없다. 객차와 객차 사이에 서서 밤새 흐르는 시간에 몸을 맡긴다. 어슴푸레한 풍경들이 스쳐 지나간다. 인가가 멀지 않은지 개 짖는 소리가 다가왔다 멀어져 간다. 집을 떠나오기 전 보았던 달이 부처의 땅에까지 따라와 나를 바라보고 있다. 향하는 곳이 어떤 곳인지 막연한 심경인데, 어디나 다르지 않다고 말하는 듯하다.
　갠지스강. 어머니의 강이라 불리는 이유 때문인지 꼭 한 번은 오리라 마음먹었다. 이곳에 오면 생의 마지막에나 대할 수 있는 답을 듣게 될지도 모른다는 막연한 기대를 했었다. 영원히 잠들지 않는 강. 갠지스강의 신새벽은 잠든 자와 깨어 있는 자, 산 자와 죽은 자가 한데 어우러져 있었다. 몸과 마음의 오욕을 씻으려는 듯 강물에 몸을 담그는 사람들, 잠든 아이를 등에 업고 이방인에게 삶을 구걸하는 여인, 강기슭 화장터에선 시신이 타는 연기와 냄새가 진동하고, 이승을 하직하는 자의 바로 옆에서 살아 있는 자는 음식을 먹으며 생을 연명하고 있다. 주변과는 무심하게 명상에 잠긴 성자. 이것이 이 세상 풍경이던가. 갠지스강이 죽음과 삶을 함께 보라고 한다.

강이 우는 소리가 들렸는가. 내 몸을 실은 작은 배가 강물로 에워싸이자, 나도 모르게 눈물이 새어 나왔다. 실로 꿴 나뭇잎 위에 초를 얹어 산자의 소망뿐만 아니라 망자의 원까지 담는다는 디아 Dia를 강물에 띄우자 알 수 없는 기운이 몰려와 눈물을 더 주체할 수 없었다.

어머니가 강과 하나가 되어 흘러가신 후 바다에 다다르셨을까, 학교 수업을 빼먹고 기차를 타고 바다로 달려갔다. 백사장에 '어무이'를 새겨 놓았다. 무정한 파도는 다가와 어무이를 지워 버렸다. 무심한 바다만 한없이 바라보다가 왔다. 내 안에 오랫동안 말라 있던 강물이 어머니의 강 갠지스의 물길과 만났는가. 눈물이 하염없이 강물에 보태어졌다.

얼마나 그렇게 있었을까. 주변을 돌아보니 함께 배를 탔던 일행들도 눈물을 닦고 있었다. 일곱 번이나 인도 땅을 밟으며 성지순례의 선두에 섰던 스님은 하늘을 향해 고개를 젖히고 계셨고, 걸음걸음 범패를 즐겨 외고 다니시던 스님은 소맷자락을 훔치고 계셨다. 감기 기운으로 고생하던 인도 가이드는 강물로 눈을 닦으며 마시기도 하였다. 좀처럼 내 앞에서 눈물을 보이지 않던 남편도 울고 있었다. 왜 우느냐고 물었다.

"당신이 울어서…."

함께 일렁이고 있는데, 새벽 강물을 가르는 노 젓는 소리가 귀를 적신다. 우리가 탄 배의 사공은 까무잡잡한 얼굴에 착한 눈을 지닌 중학생 나이쯤의 소년이었다. 항하사恒河沙에 일출을 보러 가고 있는데 다른 배가 다가왔다. 양초며 작은 종, 팔찌, 향로, 엽서, 칫솔, 나무 등 다양한 것들이 실려 있었다. 그 배는 물건을 구입할 때까지 우리 배를 잡고 놓아 주지 않았다. 몇몇 사람이 물건을 집어 들고 나서야 그 손에서 벗어날 수 있었는데, 얼마 가지 않아 또 다른 배가 나타나 물길을 막는 것이었다.

소녀가 탄 배였다. 그땐 이미 구입도 했고 지쳐서 그 손에서 벗어나고 싶었는데, 얼마나 집요한지. 삶을 지탱하기 위한 고단함은 강물 위에서도 계속되고 있었다. 소녀는 배를 붙들고 소년 뱃사공은 노를 젓고…. 한참을 물결이 이는 동안에도 소년의 얼굴엔 조금의 동요도 없었다. 무심한 강의 얼굴이었다.

하늘에 푸른 비단을 깔아 놓은 듯 어둠이 서서히 지워질 무렵 배가 항하사에 정박했다. 항하사의 모래알보다 더 많은 사람들 속에 내가 존재하고 있다. 이 모래들은 다 어디서 왔을까. 갠지스강에 뿌려진 수많은 사람의 눈물이 말라 이곳의 모래가 된 게 아닐까.

항하사에 해가 떠오른다. 신발을 벗고 항하사를 밟는다. 작은 놋 향로에 항하사의 모래를 담는다. 손가락 사이로 빠져나가는 모래알들. 살면서 손안에 넣을 수 있었던 것은 무엇이었던가. 사람도 만물도 진리조차도 덧없는 게 아닌가.

처음 배를 탔던 곳으로 돌아간다. 아침 햇살에 반짝이며 디아가 꽃길을 그리듯 어디론가 흘러가고 있다. 만년설로 뒤덮인 히말라야에서 발원한 천상의 강물이 내려와 인간의 강물이 된 곳. 갠지스강엔 삶과 죽음이 새겨진 물의 경전이 펼쳐져 있다. 젖지 않고는 읽을 수 없는 경전. 젖어서 더는 읽을 수 없는 경전. 인연을 따라 온 사람들이 그 경전 속으로 흘러들어 간다. 사방을 돌아본다. 갠지스강에 떠 있는 건 빈 배일 뿐.

조율하십니까

"조율이 얼마나 중요한지 정말 알 것 같아요."

 방학을 맞아 오랜만에 찾아온 국립국악고등학교를 다니는 제자의 목소리에 흥분기가 섞여 있다. 함께 공부할 때 내가 늘 강조했던 말이라 가슴에 새겨 놓았던 모양이다. 어떤 과목을 공부하느냐에 따라 아이들의 성향이 다르더란다. 마치 퀴즈를 내듯 내게 질문을 던지고는 스스로 답한다.

"타악기 하는 애는요, 성향이 대체로 거칠어요. 민요는 약간 날라리? 무용하는 애들은 껍데기에 치중해요."

 이 부분에서 내가 토를 단다.

"덜 익어서이지. 제대로 된 춤은 내면과 외향이, 안과 밖의 호흡이 일치한단다. 다들 아직은 다듬는 중이라 모양새가 원만하지 않은 거야."

"판소리는요, 애 늙은이가 많아요."

"그럼 너는?"

"범생이에요."

"진짜 모범생 맞아?"

내가 웃으며 받는다.

정가正歌를 가르칠 때 내가 즐겨 꺼내는 말은 '조율'이다. 악기는 조율을 제대로 하지 않으면 정확하고 좋은 소리가 나지 않는다. 기악 연주자는 악기라는 매체를 통해 자신을 투영하는데 반해, 몸이 바로 악기인 노래하는 가인은 소리를 통해 자신을 드러낸다. 내가 곧 악기이니 소리를 내고 자신이 직접 들으면서 소리와 내가 하나가 되는 일체감을 느끼게 된다.

"우리 조율하자. 조율을 바로 해야 좋은 소리가 나지."

수업 중에 내가 자주 쓰는 말이다. 몸과 마음이 흐트러지면 제소리를 내기가 어렵다. 아이들은 조율이라는 단어가 나오면 반가부좌를 하며 고쳐 앉는다. 밖으로는 바른 자세로 예를 갖추고, 안으로는 마음을 가다듬는다. 가사에 담긴 뜻을 음미하며, 호흡을 조절하여 아주 천천히 노래하는 정가는 조율 그 자체라고 할 수 있다. 옛 선비들은 학문을 닦다가 숨을 돌릴 때면 시를 짓기도 하고, 그 시에 곡조를 얹어 노래하기도 하였는데, 정가는 풍류이자 또한 수양의 방편이었다.

정가는 느림의 미학을 지니고 있다. 느린 외줄기 운율 속에 흐르는 고요와 맑음은 거짓이나 가식을 함부로 용납하지 않는다. 균형과 조화를 이루어 나가는 미세한 음의 떨림을 통해 고요해지는 자신과 독대하는 시간을 가진다. 나는 정가를 가까이하면서 음악도 선禪이라는 생각을 품게 되었다. 나에게도 아이들에게도 음악이 도道이자 즐거움이었으면 하는 바람을 늘 지니고 있다.

조율은 음악에만 해당하는 것은 아니다. 세상에는 조율거리가 많다. 기도하는 것도 조율이고, 책을 읽고 글을 쓰는 것도 조율이다. 산책하고 운동하며 여행하는 것도 조율이다. 우리는 각자가 추구하는 학문을 통해서 조율하고 있다. 일상에서 대하는 것도 제대로 알아차리기만 한다면 다 조율이 될 수 있다. 우리는 알게 모르게 각자 자신에 맞는 방법으로 조율하며 살고 있다.

그러나 깨어 있지 않으면 자신도 모르는 사이에 원하지 않은 조율이 되어 버려 엉뚱한 삶을 연주하게 된다. 타성에 젖어 소중한 순간을 흘려보낼 수도 있고, 잘못된 판단으로 자신을 놓쳐 후회와 슬픔의 곡조를 부를 수도 있다. 주변과의 불협화음으로 세상살이가 더욱 더 힘겹게 될 수도 있다.

조율의 주체인 자신을 조율하기도 어렵지만, 세상과의 조율은 더더욱 어렵고 중요하다. 나는 자기 자신도 모르게 수많은 관계에 의해 조율되고, 나 또한 누군가를 조율하고 있다.

혼자서 자신의 소릿길을 발견하고 닦아 가는 것도 중요하지만,

여럿이 합심하여 하나 된 소리를 찾아내는 것 또한 중요하다. 내 소리만 꽉 차면 뭐하겠나. 나를 들어주는 네가 없다면 얼마나 외롭고 무슨 의미가 있겠나. 나는 개인 수련만큼 단체 수업에도 무게를 두었다. 여럿이 모이면 음이 맞지 않은 아이가 있게 마련이며, 음색도 음량도 달라 서로를 인정하고 합일을 끌어내는 것이 얼마나 어렵고 중요한 것인가를 체득하게 된다. 혼자서, 때론 2인 1조로, 합창으로 소리를 만들어내기를 주문했고, 아이들은 서로에게 귀를 기울이며 앞장서서 끌어주기도 하고, 서로 조율하여 하나의 소리를 만들어 나갔다.

진전은 기능보다 교감에서 비롯된다. 기능이 발전의 잣대는 될 수 있지만, 전부는 아니다. 기능은 도달점을 향한 또 하나의 방편일 뿐이다. 함께함은 기능뿐만 아니라 인성에도 변화를 가져왔다. 너를 통해 나를 발견하며 서로 조화를 이루어 간다는 건 참으로 아름답고 가슴 따뜻한 일이다. 함께하는 조율은 아름답다. 조율은 각성이자 지혜이며 배려이고 사랑이다.

조율은 오직 연주를 위함인가. 멋진 연주를 꿈꾸며 언제까지나 조율만 할 것인가. 무엇을 위한 기도이며 어느 날을 기약하는 공부인가. 인생의 호시절을 언제나 맞을 것인가. 조율하는 순간 자신과 가장 가까워지기는 하나 반드시 완벽한 연주로 이어져야 한다면 완성은 너무 멀지 않은가. 조율은 조율 그 자체만으로도 충분하다.

'지금, 그리고 여기' 내가 가장 가까이 두는 말이다. 우리는 순간을 살고 있다. 조율과 연주는 동시에 실현되어야 한다. 먼 삶이 아니라 지금의 삶을 살아야 한다. 살면서 표현하는 모든 것은 다 연주다. 우리는 세상이라는 무대에서 삶을 연주하고 있다. 독주자로서, 또한 협연자로서. 오늘도 나는 나를 조율하고 연주한다.

석굴암 고해 성사

저녁이 되니 해도 제 깃들 곳을 찾아가는데, 나는 지금 어디에 있으며 어디로 가야 할까. 마치 삶의 이정표를 잃어버린 듯한 심정에 빠져 먼 이국의 하늘 아래 서 있다. 저녁 어스름과 함께 쓸쓸함이 밀려온다. 가로등에 하나둘 불이 들어오기 시작한다. 어둠을 밝혀 주는 불빛 속에는 저마다의 기도가 스며 있다는 생각이 든다.

보랏빛이 감도는 공기 속에 어디선가 음악이 흐르고 있다. 소리에 이끌려 걸음을 옮긴다. 음악은 성당에서 새어 나오고 있었다. 웅장한 파이프 오르간 소리가 성당 구석구석을 가득 채우고 있다. 소리가 내 속으로 들어와 온몸을 울린다.

접신接神, 아름다운 접신을 시도하고 있는 거다. 누군가 홀로 파이프 오르간을 연주하며 자신만의 방법으로 천상을 향해 기도를 올리고 있는 거다. 신은 와 있겠지. 이미 오기로 한 장소이니 분명 와 있을 것이다.

아름다운 선율이 담긴 기도문을 듣는 기분에 감싸이며 천천히 성당 안을 돈다. 저녁 빛이 스러지며 스테인드글라스에 새겨진 성화聖畵를 부드럽게 지워 나가고 있다. 사람들이 밝혔던 촛불은 이미 꺼졌지만, 기도는 여전히 그 자리에 남아 맴돌고 있는 것 같다. 성물聖物들이 다가온다. 나는 미처 알아듣지 못하는데 자꾸 말을 걸고 있는 듯하다. 벽 쪽에 세워진 가구가 눈에 띈다. 오래 되어 세월의 손때가 묻어 있다. 사람이 드나들 수 있는 문이 있고, 한쪽 면에 창문이 있을 법한 자리에 아주 작은 구멍이 촘촘하게 뚫려 있다. 밖에서도 안에서도 서로 형체를 볼 수 없다. 소리만 드나들 수 있는 창문이다. 고해소다.

문을 열고 안으로 들어가 본다. 작은 의자에 내 몸을 앉힌다. 고백하는 자의 말과 들어주는 자가 공존하는 방. 사방이 막힌 공간이 너무나 좁다. 가슴이 콱 막힌다. 들어주는 자의 자리가 이렇게 좁고 어두운 줄 몰랐다. 그냥 여유 있게 들어주는 줄 알았다. 인간의 언어를 걸러 하늘로 연결하는 통로는 밝고 넓은 줄 알았다.

어둠을 걷어 주려는 자는 어둠을 털어 내려는 자와 함께 어둠 속에 있어야 한다는 말일까. 고통의 탄식을 쏟아 놓을 때 하나 된 마음으로 아파해야 한다는 뜻인가. 예수가 인간의 고통과 짐을 함께하며 기꺼이 십자가에 못 박힌 채 내려오지 않듯이, 신의 심부름꾼으로서 고행을 하라는 뜻일까.

고백은 말하는 자만이 주인공인 줄 알았다. 듣는 자의 심중이 어떠한 것인지 미처 헤아리지 못했다. 자신의 중압감에서만 벗어나면 된다고 하는 이기적인 고백이라면 멈추어 돌아보아야 하지 않을까. 말하는 자도 듣는 자도 진실하고 간절해야 한다고. 고백의 자세를 생각해 본다.

그때도 저녁 이맘때쯤이었다. 석굴암 안으로 들어가는 내 모습이 눈앞에 펼쳐진다. 경주에서 전국 교사불자회 수련회가 있었다. 초청과 함께 강의를 해 달라는 부탁을 받았다. 교사들에게 이순신 장군의 시조 '한산섬'을 창으로 부르는 방법을 가르쳐 주며 함께 수련에 동참하였다. 석굴암에서 저녁 예불을 모셨는데, 나는 사설시조 '팔만대장~'을 부르며 소리 공양을 올리게 되었다.

"팔만대장 부처님께 비나이다. 나와 임을 다시 보게 하옵소서…"

나는 마음속에 두 가지 의미의 임을 품고 있다. 단발머리 적 나를 두고 영영 떠나버린 어머니는 이승에서는 다시는 만날 수 없는 애달픈 임이시다. 또 하나의 임은 내 속에 있는 나다. 내 안에는 이 세상에 처음 왔을 때부터 존재하던 참 나가 있다고 생각한다. 모진 세상 풍파에 이리 흔들리고 저리 휩쓸리며 잃어버렸지만, 순수하고 지혜로운 나가 있다고 굳게 믿는다. 기도할 때면 진아眞我를 찾고 싶다는 염원을 한다.

 석굴암 대불의 오른쪽 무릎 아래 자리를 잡고 임을 부르는 곡조를 뽑는데 갑자기 목이 메었다. 내 속에 숨어 있던 온갖 슬픔이 주체할 수 없을 정도로 한꺼번에 쏟아져 나오는 느낌이었다. 주변에 아무도 없었다면 목 놓아 크게 울었을 것이다. 함께하는 많은 선생님이 있었기에 울 수도 소리를 멈출 수도 없었다. 애써 마음을 가다듬고 끝까지 이어가는데 알 수 없는 기운이 밀려와 나를 감쌌다. 그 기운은 깊숙이, 나의 심연에 닿는 느낌이었다. 그러면서 내 속에서 무언가가 빠져나가기 시작했다. 순간 원죄라는 단어가 왜 떠오르는지. 살아오면서 지은 죄가 있다면 다 사해지는 기분이었다.

 나는 나 자신도 알게 모르게 세상에 수많은 허물과 죄를 지었을 것이다. 무엇보다 스스로 자신을 괴롭히고 아프게 한 죄를 수없이 반복했다는 생각이 든다. 스스로 어리석었던 죄로 슬퍼하고 방황하며 얼마나 많은 눈물을 흘리며 아파했던가.

 노래를 끝내는 순간 무거운 짐을 온전히 내려놓았다는 느낌이 들었다. 나를 아프게 했던 무거운 나를 벗어났다는 생각이 들었다. 석굴암 대불은 아무 말이 없는데 용서와 위로를 전해 받은 느낌이었다. 내가 가벼워지고 편안해져서 평화가 내 안으로 조용히 들어왔다. 나를 떠났다가 다시 내게로 돌아온 것 같았다.

 마치 한바탕 꿈을 꾼 듯하다. 긴 여운에서 깨어나 주변을 돌아보니 선생님들이 눈물을 닦고 있었다. 내 몫까지 대신 울어 준 건 아닌지. 나와 선생님들의 슬픔의 근원과 마음속의 기원이 크게 다르지 않았으리란 생각이 든다. 그들이 다가와 내 손을 잡았다. 고맙다며, 살면서 이런 느낌 처음이라고.

생각해 보니 그때가 내가 해보았던 진정 어린 고해 성사가 아니었나 싶다. 기도란 구함이나 물음보다 참회가 우선되어야 하는 게 아닐까. 참회야말로 진정한 깨달음의 시작이라는 생각이 든다.

고해소 문을 열고 나온다. 그의 기도는 아직도 끝나지 않은 걸까. 파이프 오르간 수백 개의 구멍마다 바람이 통과하며 빚어내는 수백 개의 색깔을 띤 소리가 마치 교향악을 울리듯 성당 안을 가득 메우고 있다. 그가 채워 놓은 신선하고 아름다운 공기를 가슴 깊이 들이마신다. 십자가가 잘 보이는 곳에 자리를 잡고 앉는다. 온전히 들어주는 자, 신에게 두 손 모은다. 해가 다 지도록 계속되는 그의 간절한 기도가 부디 하늘에 닿기를.

내가 깨어나지 못한 시간에도

무명無明을 걷어 내고 있는 길 위의 기도가 서슬 푸르다. 정월 새벽 세 시, 연이은 한파와 폭설에 웅크려 있던 겨울 산의 적막을 흔들며, 청량한 도량석이 삼라만상을 깨운다. 도량석은 일명 목탁석이라고도 한다. 늘 깨어 있으라고 눈 뜬 물고기의 형상으로 화현한 목탁과 스님의 염불 소리가 요사채를 지날 때마다 하나둘 방에 불이 밝혀진다.

새벽 예불을 모시러 길을 나선다. 밤새 깨어 있던 달이 지다 말고 나뭇가지 사이로 달길을 열어 준다. 주위가 고요하니 시린 달빛에 선명하게 찍히는 발걸음 소리가 조심스럽다. 사방에 적막이 가득하다. 적막 속에 들어 있는 고요가 나를 감싼다.

가재도구 하나 없는 빈방에서 지내서인지 내가 가볍다. 지금 걷고 있는 내 몸뚱이 하나, 이게 나의 전부가 아닐까. 내 집이라고 믿었던 것들이 떠나와 돌아보니 사실은 내 것이 아닌 잠시 허공에 지은 집이라는 생각이 든다. 인연을 따라 내가 있는 곳, 지금은 이 길이 내 존재처가 아닌가 하는 생각을 길 위에 서서 해 본다.

　대웅전을 향한 계단을 오른다. 수덕사 대웅전은 높이 있어서 좋다. 한 발 한 발 걸음을 옮기면서 나를 아래에 내려놓는다. 대웅전 뜰 앞엔 빈 공간이 많다. 여느 사찰들이 경쟁하듯 탑이며 전각을 계속 세우고 채우기에 급급하는 모양새에 반해, 수덕사는 대웅전을 중심으로 두 개의 탑신 외에는 아무것도 들여놓지 않았다. 자신의 절터는 마음으로 채우고 비우면 될 것이다.

　법고를 시작으로 법전 사물이 차례대로 울린다. 법고는 가죽을 지닌 동물 또는 축생을 위하여, 운판雲板은 날짐승, 목어는 수중 생명, 범종은 사람들이 번뇌에서 벗어나 지혜가 생기게 하고 지옥 중생까지 제도한다는 의미가 담겨 있다. 새벽 공기를 가르며 세상의 모든 존재를 위한 소리의 진언이 사방에 울려 퍼진다. 법당에 들어야 하는데 소리를 눈으로 확인하고 싶어 법고각 주변에서 서성거린다.

　며칠 전 폭설이 내려 잔설이 묻은 바람 끝이 맵다. 어둠마저 얼어붙은 듯하다. 추위에 대비하여 완전 무장을 했는데도 냉기가 몸을 파고든다. 스님들은 오죽하랴만 법고를 울리며 펄럭이는 장삼 자락 끝이 살아 있다. 겨울 한기도 서슬 푸른 수행자들을 움츠

리게 하지는 못하는 모양이다. 안의 냉기를 단단히 단속하였으니 바깥의 냉기쯤은 끄떡없는가 보다.

수행의 혹독함을 견디게 하는 저 힘은 무엇인가. 삶의 고뇌와 그 집착을 벗어나 깨달음을 구하고자 하는 수도자들은 어떤 수행을 하고 있으며, 수행의 끝에는 무엇이 있는지 나는 늘 궁금했다. 지금 행하고 있는 것은 이타利他다. 혼자 힘으로는 어림없다. 기도가 자신만을 향해 있다면 저 힘은 나오지 않을 것이다. 수도자들은 깨달음을 얻기 위해서 이타를 행하고 있으며, 깨달은 뒤에도 이타를 행할 것이 분명하다.

걸음을 법당으로 옮긴다. 국보 제49호인 수덕사 대웅전은 고려 후기 목조 건물로 문화재 보호를 위해 촛불로만 어둠을 밝힌다. 기도문을 따라 하고 싶지만 경전을 펼쳐도 보이지 않는다. 마음속의 경전이 있으니 굳이 애쓸 필요 없다고 하는 것 같다. 함께 예불을 올리는 사람들의 마음속 경전은 같을까.

법당 안까지 점령한 매서운 한기에도 스님들의 기개는 꺾이지 않고 당당하다. 자발적으로 선택한 외로움과 가난이기에 뼈에 사무치는 추위에도 빈 몸으로 맞서고 있다. 흐트러짐 없는 자세에서 느껴지는 엄정함에 나도 몸과 마음을 곧추세운다.

노스님께서 수행자의 서원을 다짐하는 의식을 하신다. 이 세상 모든 고액과 고난을 소멸하고, 나라와 중생의 평안을 기원하며, 하루의 안녕을 기원하는 발원을 하신다. 노구에도 불구하고 구성진 소리가 웅숭깊다. 자신이 닦은 선근 공덕을 중생을 향해 회향 발원하는 축원문 한 자 한 자에 실린 기운이 주변을 맑고 평안하게 한다. 소리에서 부드럽고 둥근 곡선이 느껴진다. 노스님의 표정이 궁금하다. 경내에서 당신이 지나가실 때 보았던 자애로운 미소가 떠오른다. 슬쩍 곁눈질한다. 일심으로 기도하는 부동의 자세가 아니라, 주변을 두루 살피시며, 발이며 손이 큰 동작은 아니지만 마치 춤을 추듯 흐름을 타고 계신다. 도는 딱딱하거나 심각한 것이 아니라 자유 무애한 것이라고 하시는 것 같다. 스님은 수천 번도 더 넘게 발원하고 기도하셨을 것이다. 자신을 위한 발원이나 기도가 아닌 세상을 향한 것이니 얼마나 큰 기운과 열락이 따르겠는가. 도락道樂이다.

대웅전에서 예불이 끝나자 다른 법당에서도 기도가 이어졌다. 관음전에서 스님 한 분이 홀로 기도하고 있다. 대중과 함께할 때의 기운과 혼자 하는 기도의 느낌이 사뭇 다르다. 절간을 울리는 외줄기 독경소리에 인정이 느껴져 가슴이 서늘해진다. 유정한 관세음보살님이라 중생과 함께 하시느라 간밤에 춥고 외로우셨을 것이다. 어쩌면 스님과 보살님은 서로를 위로하고 있는지 모른다. 온기야말로 도가 아니겠는가.

새벽 예불이 다 끝났지만, 아직 어둠은 가시지 않았다. 경내를 천천히 돈다. 깨닫지 못한 자에게 어둠은 완고하다. 수많은 세월 속에서도 변질되지 않은 진리를 지키고자 하는 새벽 정신이 하루를 깨어있게 한다. 내가 잠에서 깨어나지 못한 시간에도 수행자들은 먼저 깨어 어둠의 혼미함을 깨우고 세상을 위해 기도하고 있다. 아침은 쉽게 열리는 것 같지만, 세상 곳곳의 성소에서 기도하는 수많은 수행자들에 의해 열리고 있다. 무사한 하루가 그냥 열리고 닫히는 것이 아니다.

종각 앞 청련당 편액에 걸려 있는 만공 선사의 '세계일화世界一花' 앞에서 걸음을 멈춘다. 세계는 한 송이 꽃, 너와 나 산천초목 우주 만물이 하나의 뿌리로 된 한 송이 꽃이라고 설하고 있다. 엄동설한에도 얼지 않고 피어 있는 꽃을 바라보며 두 손 모아 합장한다.

저만치 발아래 보이는 세상의 모습이 마치 하나의 바다에 잠긴 듯 고요하다. 곧 여명이 밝아 오리라.

관觀 치治 농弄

 마음을 소리의 선율 위에 놓는다. 맑고 고요한 물에 나를 비추는 느낌이다. 시를 느린 곡조에 붙여 긴 호흡으로 노래하는 정가正歌를 하고 있으면 소리 선禪이라는 단어가 떠오른다. 고요를 부르는 소리. 어디선가 바람이 불어 잠시 잔물결이 인 듯하나, 소리도 바람도 걸림 없는지라 마침내 고요해진다.

 정가는 바르고 정직한 음악이다. 천천히 소리를 풀어내고 있으면 마음의 미세한 떨림이 거짓 없이 드러난다. 움직이는 나와 지켜 보는 나. 마음이 왔다 갔다 앉았다 일어났다 하며 망상과 분별심에 사로잡히면, 곡조가 흔들리고 호흡이 짧아지며 탁한 소리가 난다. 노래를 부르고 있으니 들린다는 표현이 맞으나 정가는 보이는 것에 더 가깝다. 나는 소리를 통해 나를 본다.

단선율의 수평적 음악인 정가의 기본은 평성平聲에 있다. 하나의 곧은 선율로 뽑아내는 평성을 제대로 하려면, 소리 주인이 평심平心으로 선율 위에 앉아 있어야 한다. 흔들고 굽이치고 치솟고 떨어지는 소리들은 기교를 부리거나 덧칠을 할 수 있으나, 평성은 가공적인 것을 요구하지 않는다. 마음이 흔들림 없이 지속되는 상태, 흔들리지 않으려는 그 마음마저도 내려놓은 상태, 소리에도 무위無爲가 있다면 평성이 가장 가깝지 않을까.

숨의 노래. 목숨은 숨을 쉬는 것이다. 정가의 묘미는 끊어질 듯 말 듯한 호흡에 있다. 숨을 잘 다스려야 한다. 마음이 흔들리면 호흡 또한 안정적이지 않다. 들숨과 날숨의 분배, 마시는 숨과 내쉬는 숨은 어느 것이 더 길고 편한가. 욕심내어 마신다고 숨이 길어지는 것은 결코 아니다. 마시는 숨보다 내쉬는 숨이 더 편하다. 채우기보다 비워야 더 편하고 아름다운 소리가 나는 몸이라는 악기. 소유와 무소유, 집착과 무집착도 또한 그러하리라. 나는 내 안의 중심에서 나오는 소리를 나의 호흡을 통해 나를 다스리는 시간을 가진다.

네 살 적, 아버지의 무릎 위에서 시조를 배웠다. 또랑또랑 시조를 외우는 어린 계집아이를 동네 사람들은 무척이나 귀여워했다. '한산섬 달 밝은 밤에', '태산이 높다하되', '까마귀 싸우는 곳에', '어버이 살아신 제' 등등 아버지는 자식에게 하고픈 말을 시조를 통해 전하고자 했을 것이다. 그때 외운 구절들은 세월이 흘러도 잊히지 않았고, 삶의 굽이를 만날 때면 내게 말을 걸곤 했다.

사람들에게 한량이라 불리는 아버지는 물을 무척이나 좋아하셔서 여름이면 강물에 몸을 담그곤 하셨다. 아버지는 내 손을 잡고 강둑을 넘어 솔밭을 지나 푸른 강물에 앉아 나를 무릎 위에 앉히고 긴소리를 하시곤 했다. 아버지의 노래 속에서 청산이 흘러나와 강심에 앉았으며, 햇살에 잘게 부서지는 강물 위로 나비가 날아오르기도 하였다. 아버지는 강물과 한몸인 듯했다. 먼 산을 바라보시는 듯했으나, 아무것도 머무르지 않은 듯한 무심한 얼굴이었다. 아버지의 긴 노래도 강물도 천천히 어디론가 흘러가고 있었다.

살면서 푸른 달빛에 몸이 시려 뒤척인 적이 몇 번이던가. 어머니가 강물에 한 줌 재로 흘러가 버린 후, 아무리 돌아누워도 혼자라고 생각되던 시절이 있었다. 생을 똑바로 마주볼 수밖에 없었다. 내가 곧 길이 되어야 한다고, 스스로 의지가 되어야 한다고, 어떤 경우에도 나는 나라며, 나와 독대하는 시간을 보냈다.

사람이 그리워서인지 나는 부쩍이나 귀가 밝았다. 어느 날 정가가 내 속으로 쑤욱 들어왔다. 몸이 먼저 기억하는 노래였다. 외로움을 혼자 둘 수 없어 노래했다. 슬픔을 달래려 노래했다. 기쁨이 꽃피도록 노래했다. 내게 노래는 위로였으며 가장 나다운 삶의 표현이었다.

세월은 무정한데 유정한 내가 산다. 내가 자란 고향의 강을 떠나 지금은 바다가 보이는 곳에서 산다. 내 몸속에는 서툴지만 아주 오래된 나만의 노래가 있다. 세월과 함께 햇살과 달빛과 바람과 비에 젖은 노래들. 몸이 악기니 내가 있는 곳이면 어디서라도 노래는 가능하다. 소리에도 양지와 음지가 있어, 밝음이 있으면 어둠이 있고, 강함이 있으면 약함이 있고, 성한 것이 있으면 허한 것이 따라온다. 선율에 마음을 싣는다. 반주도 없는 외줄기 소리지만 소리의 여백이 그리 편할 수가 없다. 소리를 풀어놓으면 소리도 나도 주변에 녹아드는 느낌이다. 때론 우주가 나의 배경이라는 행복한 착각에 빠질 때도 있다. 밀고 당기고 죄었다 풀었다, 내면의 요구대로 내 식으로, 나는 내 신명대로 살고 싶다.

삶이 동시에 지닌 부질없음과 눈부심이여. '다음'이라는 말은 이제 하지 않으련다. '더'라는 말도 하지 않으련다. 음악에서든 문학에서든 삶의 어떤 모습에서도 순간순간을 관觀하고 치治하고 농弄하기를. 살아 있어서 부를 수 있는 노래가 있다는 것은 얼마나 다행인가. 아버지가 강물에 놓았던 소리를, 해 질 녘 바다에 내가 놓는다.

> 나비야 청산 가자. 범나비 너도 가자.
> 가다가 저물어든 꽃에 들어 자고 가자.
> 꽃에서 푸대접하거든 잎에서나 자고 가자.

2부
음악, 말 걸다

노자와 베토벤

몸의 협주곡

곡비哭婢 울다

다

동토凍土

자명自明

음악, 말 걸다

노자와 베토벤

노자와 베토벤이 만난다고 한다. 그것도 많은 사람이 쳐다보는 무대 위에서. KNN방송 교향악단이 그들의 만남에 다리를 놓았다. 포스터에 '노자와 베토벤'이란 타이틀 아래 '영웅'이라는 부제가 붙어 있다.

중국 춘추시대의 대철학자와 음악의 성인이라 불리는 독일 출신의 음악가가, 어긋난 시간과 공간을 뛰어넘어 함께 손잡고 우리 앞에 돌아온 모습을 상상한다. 그들의 공통분모를 머릿속에서 계산해보지만 쉽지 않다. 베토벤의 코드와 노자의 코드가 어떻게 화음을 이룰까. 그에 반응하는 나의 코드는 또 어떠할지 궁금하다. 철학과 음악이 어떻게 접근하며 서로를 완성해 나갈까. 철학이 뿌리가 되고, 음악이 꽃으로 피어나는 걸까. 마치 화두를 잡은 듯,

긴장되고 설레는 맘으로 객석에 앉는다.

연주 시간이 다가오자 교향악단 단원들이 하나둘 무대로 들어와 각자의 위치에 자리 잡는다. 이어 지휘자 오충근 씨가 들어와 관객들에게 첫인사를 나눈 뒤 인문학자인 최진석 교수를 안내한다. 관객들이 큰 박수로 동참한다.

첫 무대는 베토벤의 '프로메테우스의 창조물 서곡 작품 43'이다. 최진석 교수가 마이크를 잡고 프로메테우스를 소개한다. 그리스 신화에 등장하는 프로메테우스는 신들에게서 불을 훔쳐 인간에게 가져다 주었다. 그로 인해 언어가 생기고 생각이 발달하며, 인류의 문명이 탄생하게 되는 서곡이 울리게 된 것이다. 그가 건네준 불은 생존 수단 외에도 예술과 과학에 눈뜨게 해주었다.

먼저 보고 미리 생각해낸 사람 프로메테우스. 기존의 관념과 익숙한 논리에 빠져 있으면 미처 알아내기도 새로운 시도를 하기도 어렵다. 자신이 생각하고 사는 방식이 따라 하기나 모방이 아닌지, 지성을 흉내 내고 있는 것은 아닌지, 스스로에게 질문해 봐야 한다. 부단한 노력으로 깨어 있어야 한다.

최 교수는 연주자들을 향하여도 당부한다. 예술과 예능은 다르다. 철학 없는 음악은 예능이지 예술이 아니다. 음악은 음표 안에 있는 것이 아니라 음표와 음표 사이에 있다. 연주하는 순간 연주자는 자기실현의 단계에 있어야 한다고 당부하며 무대를 떠났다.

지휘자와 단원들이 진지하게 프로메테우스를 그려낸다. 철학이 담긴 음악. 무엇을 들려주고, 무엇을 들어야 하는지 일깨워 주려 한 최진석 교수 덕분인지, 나는 베토벤이 재현하고 싶었던 프로메테우스의 얼굴을 떠올린다.

나도 프로메테우스처럼 내 안의 불을 발견할 수 있을까. 그 불이란 꼭 거창하고 대단한 것만은 아닐 것이다. 감사, 친절, 감동, 사랑, 행복 등의 개념과 유사하지 않나 싶다. 내 안의 어둠을 밀어내고 밝혀진 불이 주변을 밝힐 수 있다면 미미할지라도 충분하지 않을까.

이어서 푸쉬킨의 원작 단편소설 〈눈보라〉를 영화화한 작품에서, 음악을 담당했던 러시아 작곡가 스비리도프의 〈눈보라〉가 연주되었다. 곡이 흘러나오자 오선지 위에 그림이 펼쳐진다. 황량한 벌판을 가로질러 마차가 달린다. 귀에 익은 〈로망스〉가 가슴을 잔잔히 적신다. 겨울밤 문화회관에 앉아 동토 러시아에 내리는 눈보라를 상상하는 것은 얼마나 멋진 일인가.

최진석 교수가 다시 등장했다. 베토벤의 〈교향곡 제3번 E^b장조 '영웅' 작품 55〉의 문을 연다. 베토벤이 26살 때, 나폴레옹을 인류에게 평화와 자유를 줄 인물이라고 판단하여, 그를 위한 곡을 몇 년에 걸쳐 작곡하였다. 그러나 나폴레옹이 황제에 즉위하였다는 소식이 들려오자 크게 실망하게 된다. 그도 역시 속된 사람이며 그 역시 자신의 야심을 만족시키기 위해 민중의 권리를 짓밟고, 누구보다도 심한 폭군이 될 것이라고, 베토벤은 탄식하듯 말하며,

악보의 표지를 찢어 버리고 악보를 마룻바닥에 내동댕이쳤다고 한다. 2악장은 특히 '장송행진곡'이란 부제를 붙였는데, 나폴레옹의 몰락과 죽음을 은연중 예시해 놓은 거라고 한다.

영웅이 사라진 시대, 지금 대한민국은 영웅이 죽었다. 영웅이라고 믿었던 자들의 깃발을 보며 따라나섰던 사람들이 그들의 변절 앞에서 분노하고 있다. 자칭 영웅이라 외치는 잡배들이 자신의 이기를 위해 가면을 둘러쓰고 사방에 우글거린다. 선량한 사람들의 눈과 귀는 더럽혀지고 혼란에 빠져 있다. 그들만 믿고 방관만 할 수 없어 사람들이 거리로 나섰다. 그들만 정치인이고 우리는 비정치인인가. 우리 속에도 정치인이 있다고 소리치고 있다.

우리는 스스로 영웅을 살려내야 한다. 영웅은 내 바깥에 존재하지 않으니, 밖으로 돌리던 시선을 안으로 거두어 자신만의 고유한 영웅을 찾아내야 한다. 낡은 관념과 관습을 깨트리고 새로운 역사를 써야 한다.

잠시다. 남은 생이 너무 짧다. 목숨은 잠깐 사이에 사라지는 거다. 생을 이대로 그냥 흘려보낼 수는 없지 않은가. 죽도록 노력하고 사랑하며 개인적인 삶에서 스스로 영웅이 되자고 당부하며 최 교수는 무대를 떠났다.

지휘자와 오케스트라가 합심하여 웅장한 선율로 베토벤이라는 영웅을 살려낸다. 그는 늘 운명과 싸웠다. 체넘이라는 슬프고도 비굴한 피난처에서 벗어나기 위해 부단한 자기 학습과 노력을 기울었다. "나는 선善 이외에는 아무것도 탁월의 표적으로 인정하지 않는다."라고 말하며, 인류의 잠을 흔들어 깨우고, 인류에게 선을 행하고 북돋워 주는 것이 자신의 의무라고 생각하여 전력을 다했다. 그의 메시지가 연주장을 가득 채운다.

음악을 들으며 나는 가슴과 뇌가 분리되어 있지 않음을 느끼고 있다. 좋은 음악을 듣고 있으면 수혈을 받는 느낌에 빠진다. 오늘은 노자와 베토벤이 함께 내 안으로 들어와 뇌를, 가슴을, 그리고 온몸을 수혈해 준다. 이처럼 아름답고 황홀한 수혈이 또 있을까.

내가 음악을 좋아하는 까닭을 또 하나 꼽으라면 무위無爲라고 말할 것이다. 듣고 보고 잡은 듯하지만, 음악은 실체가 없다. 분명히 나를 관통하였는데 음악은 결코 흔적을 남기지 않는다. 나는 음악을 통해 무집착 무소유 무존재가 무엇인지를 배우고 체득한다.

노자의 무위와 베토벤의 무위는 서로 닮았다. 인연과 관계를 통해 생성되었다가 인연이 다하면 소멸하고, 다시 연이 닿으면 생성하고 또 소멸하고…. 유有라 하나 무無며, 무無라 하나 유有인 끝나지 않을 유무의 순환.

음악회가 끝나고 나오면서 여음이 들리는 것 같아 연주장을 뒤돌아보았다. 아름다운 유위有爲도, 무위無爲도 이미 존재하지 않는다. 노자와 베토벤이여 안녕!

몸의 협주곡

춤은 삶이다. 살아 있음의 표현이다. 현대무용 '몸의 협주곡'이 몸을 흔들어 깨우고 있다. 무용수들이 음악이 허공에 그어 놓은 선을 따라 움직이며 몸짓으로 말하고 노래한다. 그들의 뼈와 살과 근육이 미세하면서도 역동적으로 움직이며 무심코 행해 왔던 삶의 모습들을 무대 위에 펼쳐 보인다. 삶의 동작을 바로 눈앞에서 제대로 쳐다본다는 것 때문인지 흥분이 밀려온다.

걷고 달리며 뒷걸음질 치다가 다시 제자리로 돌아온다. 같은 방향으로 또는 다른 방향으로, 혼자 가기도 하고 함께 향하기도 한다. 서로를 끌어안고 밀어내며 다시 기댄다. 꺾이고 튀어 오르며 온몸으로 구르기도 한다. 쓰러져 눕는다. 삶과 죽음이 공존하는 춤이다. 몸짓의 기교가 아니다. 혼의 움직임이다. 살아 있기에 누릴 수 있는 몸의 향유이다.

　무용수들이 거친 숨을 몰아쉬며 땀에 완전히 젖어 혼신을 다하고 있다. 열정적인 춤, 열정적인 그들의 삶이 멈추지 않는다. 객석에서 탄식과 열광적인 박수가 쏟아진다. 열심히 살아낸 자에게 주어지는 찬사다. 가슴이 떨린다. 내 몸도 반응한다. 삶의 동작들이 저렇게 눈부셨던가. 저다지도 치열했던가.

　나를 봐. 나를 읽어 봐. 너를 봐. 너의 모습이야. 당신도 이런 모습으로 살아왔어. 보여주는 춤이 아니야. 삶이야. 지금 이 순간 우리가 살아 있기에 함께 누릴 수 있는 삶의 모습이야. 당신이 지금 숨 쉬고 있지 않다면 객석에서 눈동자를 반짝일 수도 머리를 굴릴 수도 가슴으로 온몸으로 느낄 수도 없어. 무대에 올라오고 싶지 않아. 당장 올라와. 당신은 관객이 아니라 바로 이 무대의 주인공이야. 내 말을, 내 몸짓을 알아듣겠어. 제발 관객이 되지 마라. 주인공이 되라.

　무대 위에 내가 서 있다. 어린 시절 어머니께서 조각조각 손수 기워 주신 치마와 저고리를 입고 〈거리의 소녀〉가 되어 홀로 길에서 깨어나고 길과 놀다가 다시 혼자가 되어 길에서 잠든다. 나는 인생은 어차피 혼자 가야 하는 길이라는 것을 일찍이 무용을 통해 체득했던 것 같다. 하얀 족두리를 쓰고 푸른 하늘빛과 하얀 색 천을 사이사이 연결한 열두 폭 치마를 부여잡고 내가 구름이 되어 춤춘다. 어머니가 계셨기에 행복하게 춤추고 노래할 수 있었던 나의 무대였다.

그러나 당신이 이승이라는 무대에서 사라져 버리자 나는 더 이상 노래할 수도 춤출 수도 없었다. 내 인생의 암전이 찾아온 것이다. 어머니가 사라진 무대는 사방이 깜깜했다. 어둠 속에서 어머니를 찾으며 영혼의 줄만이라도 연결하고 싶어 끊임없이 당신과의 교류를 시도했다. 그러나 몸의 부재는 그 어떤 것으로도 채울 수 없는 것이어서 추구하면 할수록 공허는 더 커졌고, 그리움과 외로움은 더 깊어갔다. 내 인생의 무대에 다시 조명이 들어오고 주인공이 되어 서 있고 싶었지만, 나는 늘 혼자 객석에 앉은 기분이었다.

왜 춤이었을까. 어머니께서 하필 무용을 배우게 한 이유가 무엇일까. 나는 음악은 왜 또 하고 있나. 삶과 존재가 부딪히면서 그 질문은 계속되었다.

삶이야. 살아 있다는 건 아름다운 거야. 어머니께선 살아 있음의 몸짓 중에 춤이 가장 아름답다고 생각하셨던 게 아니었을까. 이 세상에서 참으로 아름다운 무용은 살아 있어서 행하는 몸짓이 아닐까. 무용을 보고 있는데 생각이 벌떡 일어난다.

정신과 육체는 별개가 아니다. 몸과 마음은 서로를 지배한다. 마음은 몸이라는 옷을 걸치고 표현한다. 살아 있다는 건 존재한다는 것은 몸의 살아 있음이다.

삶의 무대는 삶의 현장이다. 인생의 진짜 무대는 지금 처해 있는 여기다. 춤만 춤이겠는가. 살아 있는 모든 몸짓이 춤이다. 어찌 노래만 노래겠는가. 살아 있는 모든 소리가 노래다. 이 세상에서 가장 아름다운 춤과 음악은 우리 삶의 모습 속에 있는 것이다.

꽃은 꽃의 몸으로 말하고 나무는 나무의 몸으로 말한다. 인간은 가장 인간적인 모습으로 춤추고 노래해야 할 것이다. 나는 어떤 노래를 부르고 또 어떤 춤을 추어야 할까. 진실하고 따뜻한 말이 음악이 되고 부드러운 표정과 사랑의 몸짓이 나의 춤이 되었으면 좋겠다.

이젠 무대 위로 성큼 한 발 들여놓을 수 있을 것 같은 생각이 든다. 나는 객석에서 몸을 일으킨다.

곡비哭婢 울다

　섬은 뭍에서 고립되어 있다. 멀리 홀로 견디고 있다. 사방이 온통 물로 갇혀 버렸건만 하늘을 이고 묵묵히 자신을 감내한다. 한없이 누워 있는 바다는 하늘을 닮고 싶은 양 비슷한 색을 띠고 있다. 마치 일어서려는 듯 파도가 몸부림을 친다. 거센 물살을 가르며 섬으로 향하는 배의 갑판에 서서 소금기 묻은 바람을 가슴 깊숙이 마신다. 그들의 교류에 나도 동참하고 싶어진다.

　점점 가까이 다가오는 섬. 저 작은 섬이 오늘의 주인공이다. 문화체육관광부에서 지역이나 계층 간 또는 문화적인 소외를 겪고 있는 사람들을 위해 '신나는 예술 여행'을 기획 지원하고 있는데, 오늘은 '국악, 여행을 떠나다'란 제목으로 음악회가 열린다. 이번 공연은 국내외에서 많은 활동을 하고 있는 젊은 국악인 단체가 나섰다.

섬과 바다와 사람들을 온통 뜨겁게 달구었던 해가 더위에 지친 듯 서서히 서녘으로 향하고 있다. 마을 스피커를 통해 흘러나오는 이장님의 목소리가 섬의 고요를 흔든다.

"주민 여러분, 서울에서 오신 선생님들이 우리를 위해서 음악을 들려 준다 캅니다. 퍼뜩 저녁 챙겨 잡숫고 한 사람도 빠짐없이 학교 운동장으로 모이소."

어느 새 초저녁달과 별들도 모습을 드러내며 마치 초대 손님이 된 양 하늘 한편에 자리를 잡았다. 무대는 참으로 소박하다. 폐교의 열린 공간에서 바다를 병풍 삼아 연주자들이 돗자리를 깔고 앉고, 관객인 주민들은 반대편에 자리 잡았다. 생전 처음 보는 악기와 악사들의 화려한 의상이며 생소한 분위기에 다들 멋쩍어 하면서도 기분 좋아 들떠 있는 표정들이다.

뱃노래로 무대가 열린다. 몸보다 마음이 먼저 배에 올라 파도 위를 두둥실 떠가는 듯. '어기야 디어차' 함께 노를 젓는다. 긴장되었던 그들의 표정이 조금씩 풀리기 시작한다. 세상사 근심일랑 넓은 바다에 던져두고 시름없이 산다는 늙은 어부의 노래가 이어진다. 이번에는 흥부가 등장한다. '시르르 시르릉 실근 실근' 소리꾼이 부채를 들고 판소리 〈흥부가〉의 박 타는 장면을 연출한다. 모두들 눈과 귀를 한껏 모아 판 속으로 빠져든다. '얼씨구절씨구 지화자 좋네.' 좌중에서도 얼씨구 잘한다며 추임새가 흘러나오고 손

뺵 치고 웃으며 들썩이기 시작한다. 판이 점점 익어간다.

"동백꽃이 필 때면 오신다던 당신이 봄 여름 다 가도 종무소식일세."

평창아라리의 애달픈 곡조가 흘러나온다. 소리하는 여인의 쉰 듯한 구슬픈 목소리에 인간사 희로애락이 고스란히 묻어 있다. 징징징 징이 운다. 북을 치는데 가슴을 때리듯 시원하다. 감춰 두었던 마음속 슬픔과 외로움 원망 같은 것들이 자지러질 듯한 꽹과리 소리에 바스라진다. 가야금 선율을 타고 좀처럼 드러나지 않던 신명이 너울너울 어깨춤을 추며 나온다. 소리꾼 여러 명이 목청을 돋우어 고조시킨다. 함께 휘몰아친다. 마치 굿판에 빨려든 듯 한바탕 절정에 이른다.

눈을 감는다. 눈을 감으면 안의 것이 더 잘 보인다. 갯냄새와 땀 냄새가 뒤섞여 훅 스며든다. 사람 냄새다. 주민들과 악사들과 나의 것이 서로 닮았다. 이 땅에 함께 살아 있다는 것만으로도 우린 비슷한 슬픔과 운명을 지닌 게 아닐까. 소리하는 자도 듣는 자도 하나의 곡조에 녹아들어 어느새 분별이 없어진 느낌이다. 눈을 떠본다. 깊숙해진 눈빛으로 서로의 가슴을 들여다본 것 같다. 슬픔의 곡조를 이기고 하나가 된 느낌이다. 말개진 서로의 얼굴을 따뜻한 시선으로 바라본다.

곡비哭婢가 생각난다. 그 옛날 양반집 상여 행렬 앞에서 대신 곡을 하며 가던 전문 울음꾼 노비가 있었다. 생을 하직하는 영혼을 내생으로 가는 길목에서 잘 가라 보내주고, 이승의 남은 자들의 아픈 가슴을 위무하던 곡비. 그들은 세상 사람들의 울음을 대신하며 아픈 삶을 풀어냈다.

이들이야말로 곡비가 아닌가. 내 설움, 네 설움 질펀하게 쏟아내어 속 시원히 울어도 보고, 앉은자리 차고 일어나 신명나게 한껏 놀도록 해 주는 당신들이야말로 진정한 곡비가 아닌가. 슬픔이 다른 슬픔의 얼굴을 알아내어 대신 울어 준다면 얼마나 고마운 일인가. 남을 위해 진정으로 아파하고 울어 주는 이 과연 누구인가.

소리꾼도 글쟁이도 그림쟁이도, 국민의 녹을 받는 정치인이라면 당연히 이 세상 사람들의 울음을 대신해서 전문적으로 울 수 있는 진정한 곡비가 되어야 하리라. 서로에게 곡비가 되는 세상을 꿈꿔 본다.

내 곁엔 어머니라는 무상의 곡비가 있었다. 당신은 세상의 어떤 어려움도 슬픔도 자식을 위해 대신 끌어안아 주었다. 자신의 죽음 앞에서도 자식의 삶이 아플까 봐 결코 울음소리를 토하지 않으셨다. 당신이 이승을 떠날 때, 나는 과연 당신을 위해 진정으로 곡을 했던가.

악사들은 깊숙이 숨겨 두었던 응어리진 내 슬픔을 하나둘 끄집어내고 풀어내며 실컷 울게 해 주었다. 우리의 슬픔은 다르지 않다고, 슬픔이 맑게 웃는 얼굴을 보여 주었다.

마지막 마당은 모두 일어나 밀양아리랑, 진도아리랑 등 귀에 익은 민요를 함께 따라 부르고 어울리면서 마무리되었다. 다들 행복한 모습들이다. 허리가 굽은 구순이 넘은 노모가 "고맙다. 고맙다."며 연주자들의 손을 잡고 몇 번이나 흔들어 댄다. 정신지체자도 서툰 말투로 고맙다는 인사를 따라 한다. 마치 깨어나고 싶지 않은 멋진 꿈이라도 한바탕 꾼 듯 다들 쉽게 자리를 떠나지 못한다.

밤바다에 달빛이 쏟아진다. 달빛이 그려 놓은 물길 위에 금빛 비늘이 눈부시게 반짝인다. 섬도 오늘 밤만큼은 벌떡 일어나 젖은 몸을 털며, 바다 위를 성큼성큼 걸어 어디론가 한없이 가고 싶지 않을까.

다

몸을 다쳤는데 마음이 먼저 아프다 한다. 목발에 의지한 하루가 절룩거린다. 힘내어 일어나야 하는데, 몸도 마음도 자꾸 주저앉는다. 이 모습도 나인데, 나는 나를 낯설어하며 받아들이지 못하고 있다.

"이게 뭐지? 이거 음악 맞아?"

연주회 1부가 끝나고 휴식 시간이 되자 사람들이 하나둘 자리를 뜨더니 반 이상은 돌아오지 않았다.

'나이트 스튜디오'란 이름으로 밤 열 시에 음악회를 연다는 것 자체부터가 특이하고 신선한 발상이었다. 연주장 밖에는 검은 밤바다가 출렁거리고 있다.

중동에서 날아온 젊은 첼리스트가 반주자도 없이 홀로 무대 위에 앉아 있다. 스포트라이트가 그와 첼로만을 작은 공간에 남겨 놓은 채 주변을 어둠으로 채색해 버렸다. 뚜렷한 혼자가 강하게 다가온다. 독주는 외롭고 힘들다. 혼자 무대를 책임져야 할 중압감과 고독의 무게가 전해 온다. 그는 지금 전사의 심경이 아닐까. 나는 구경꾼 보다는 응원군의 심정이 된다.

첫 무대는 바흐의 '무반주 첼로 조곡'으로 연다. 이 곡의 특징은 첼로 혼자 연주와 반주를 모두 감당해야 한다는 것이다. 피나는 노력 없이는 기교적 난제를 해결하기 어렵기로 유명하다. 인생은 어차피 혼자서 모든 것을 극복해 내야 한다는 것을 바흐는 스스로에게 인식시키면서 삶에 대한 투철함을 주문했을지도 모른다는 생각이 든다.

연주자는 작곡가의 영혼의 메시지를 자신만의 언어로 번역하여 관객에게 설명하고 전달하는 자이다. 그는 수많은 시간을 바흐를 만나고 또 만나며 최선을 다해 자기화를 위해 노력해 왔을 것이다.

그가 첼로를 품은 모습이 마치 연인을 대한 듯하다. 그가 첼로에 생명을 불어넣자, 사람의 목소리와 닮았다는 첼로는 그를 대신해서 아름다운 선율로 표현하고 있다. 비록 악기지만 그들이 나누는 것이 지극한 사랑이라는 생각이 든다. 그와 첼로가 서로를 의지하며 하나가 되어 영혼이 교류하는 소리를 듣는다. 나도 그들과의 공감을 꿈꾼다.

다음은 현대음악으로 이어졌다. 제목도 생소하다. 그는 한 번도 접하지 못한 낯선 세계로 관객들을 끌어들였다. 첼로를 활로 켜는 것만이 아니라 손으로 뜯고 튕겼다. 부드럽게 이어지던 선율이 끊기며 공중으로 튀어 오른다. 북을 치듯 첼로의 몸체인 공명통을 독특한 리듬으로 두드리기 시작한다. 예상치 못한 소리에 놀란 가슴이 둥둥댄다. 그리고는 침묵이 이어진다. 아무 소리가 나지 않으니 사람들이 무엇으로 빈 공간을 채워야 할지 몰라 당황한다. 다시 그가 노래를 부르듯, 시를 읊듯 독백을 하기 시작했다. 묘한 느낌의 노랫말과 웅얼거림이 허공을 떠돈다. 무엇을 어떻게 알아들으란 말인가. 주 멜로디는 선명하게 이어지고 있었지만, 이해할 수 없는 연주는 한참이나 계속되었다. 그렇게 1부가 끝났다. 그리고 다수의 사람들은 제자리로 돌아오지 않았다.

  2부가 시작되었다. 객석의 빈자리를 모를 리 없겠지만, 그는 조금의 동요도 없이 혼신을 다한 연주를 멈추지 않았다. 그에겐 첼로뿐만 아니라 온몸이 악기였다. 고독해 보였지만, 그의 모습은 당당하고 자유로워 보였다. 그는 나를 신선한 충격을 가하며 흔들어댔다. 갑자기 첼로 현이 뚝 끊어져 버리는 게 아닌가 하는 상상이 들었다. 그는 당황하지 않고 줄 없는 악기로 또 다른 형식의 연주를 이어 갈 것이 분명하다. 나는 줄 없는 첼로를 들을 수 있을까.

  그의 생소한 음악적 코드도 연주법도 이해하긴 어려웠지만, 열정적인 연주와 진지하고 진정성 있는 태도에 나는 점점 빠져들고 있다. 첼로의 선율에 묻어 있는 그의 감정들이 다양한 색깔로 온몸에 울려 퍼진다.

무엇을 전하고 싶었을까. 음악은 여흥이나 단순한 즐거움을 위해서가 아니라 보다 근원적인 것이어야 한다고 주장하고 있는 게 아닐까. 예술은 철학이며, 생의 모든 것을 담아내야 한다고 온몸으로 말하고 있다. 그는 곡을 연주하고 있다기보다 삶을 연주하고 있다. 다 연주라고, 다 인생이라고 말하고 싶은 거다. 삶은 정해진 모양도 고정된 형식도 없으니 경계를 뛰어넘고 다 받아들이라고. 그리고 즐기라고.

그는 이해받지 못한 삶으로 무대 위에 서 있었는지 모른다. 그러나 최선을 다했고 무엇보다 자신에게 치열하며 당당했다. 선입견과 고정관념과 편견은 타인뿐만 아니라 자신에게조차도 이해하지 못하고 멀어지게 한다. 삶은 수많은 얼굴을 지니고 있으며 즉흥적이다. 새로운 상황을 받아들이지 못하면 상대뿐만 아니라 지금의 진정한 자신도 놓칠 수 있다. 이 모습도 이 상황도 온전히 받아들여야 한다.

그래 다 맞다. 다라고 말하고 나니 갑자기 환해지고 넓어지고 편안해진다.

목숨의 연주는 아직 끝나지 않았다. 언제 막을 내릴지 어떤 악보가 씌어있는지 아무도 모른다. 충실할 뿐. 나는 최선을 다해서 지금이라는 음표를 살아내어야 한다. 지금 내게 던져진 곡이 생소하게 느껴지지만 받아들여야 할 것이다. 지금은 고통을 연주할 시간인지도 모른다.

　병실의 침대에 누워 그날 그가 보여주었던 다양한 첼로 연주법을 떠올리며 나의 활을 켠다.

동토 凍土

    지나치는 이 대부분이 무관심 무표정이다. 상쾌한 아침을 열기 위해 공원을 찾은 사람들조차 굳은 얼굴을 하고 있다. 다가오는 이에게 눈길을 전해 보건만 그냥 스쳐간다. 경직된 그들의 표정에 나마저도 굳어진다.
    유럽의 다른 지역을 여행할 때 마주치던 사람들의 밝고 우호적인 태도와는 사뭇 대조적인 얼굴이다. 낯선 이국인에게도 기꺼이 미소를 건네고 손을 흔들어 주던 유럽인들의 모습은 내게 신선한 경험이었다. 처음엔 익숙하지 않아 쉽게 눈도 마주치지 못하고 어색한 표정에 답례도 못한 채 지나치기를 여러 차례. 왠지 빚지는 느낌이 들어 설익은 미소로 답변하곤 했는데, 이젠 은근히 그들과의 교감이 여행의 즐거움 중 하나가 되었다. 그런데 러시아는 달랐다. 상트페테르부르크에서 만난 가이드도 첫인상은 그들처럼 무뚝뚝하였는데, 함께하는 시간이 점점 길어지면서 그의 깊고 따뜻한 인간적인 면모가 느껴지기 시작했다. 나는 그들의 표정에 분명히 이유가 있을 거라고 생각했다.

겨울 때문이었다. 러시아를 지배해 왔던 정치적인 기류가 오랫동안 그들의 핏속에 남아 흐르는 것도 있지만, 9월부터 4월까지 계속되는 유난히 긴 겨울 탓이다. 이곳은 일 년 내내 눈이 내린다고 말하기도 한다. 내가 간 유월 초에도 버스 창밖에 하얗게 휘날리는 것이 마치 눈발 같아 의아했는데 알고 보니 포플러 나무의 꽃가루였다. 거리엔 마스크를 낀 사람들의 모습이 눈에 띄었다. 알레르기며 기관지 천식을 유발한다는 꽃가루는 그들에겐 봄을 방해하는 또 하나의 겨울 같은 거였다.

겨울은 아무것도 책임져 주지 않는데 그 때문에 얼굴이 굳을 수도 있다니. 불가항력적인 겨울 앞에선 견딜 수밖에 없었을 것이다. 꼼짝 못하고 지내야만 하는 상황에서 고통도 고독마저도 갇혀 버린 느낌이 들지 않았을까. 빠져나올 수 없기에 파고들 수밖에 없는 삶이었을 것이다. 자신만의 견딤의 자세를 선택해야만 했을 것이다. 나라면 어떤 자세 어떤 표정이었을까. 나는 그들을 알아내고 이해하고 싶다는 생각이 들었다.

북유럽 여정 중에 내가 가장 기대했던 것 중 하나는 발레의 본고장 러시아에서 직접 예술의 향기를 맛보는 것이었다. 마침 무대

앞자리 출연자들을 피부로 느낄 수 있는 곳에 좌석을 배정 받았다. 막이 오르기를 기다리는데 가슴이 설렌다. 공기가 바뀔 것이다. 연주자들에 의해 새로워진 공기가 내 속으로 들어와 나를 바꿔 주기를 바라며 호흡을 고른다. 서서히 막이 오르며 빛이 새어 나온다. 바로 눈앞에서 오케스트라와 함께 아름다운 선율이 펼쳐졌다. 진지한 그들의 눈빛과 숨결이 느껴진다. 예술을, 삶을 해석하고 표현하기 위해 열중하는 그들의 몸짓이 감동적으로 다가온다. 어둠 속에서 작은 점 하나로 시작된 춤은 서서히 주변을 넓히며 환하게 밝혀 나갔다. 발끝으로 마치 지각을 두드리며 봄을 찾아내려는 듯한 발레리나의 몸짓은 막 비상하는 새의 가벼운 깃털이었다. 꽃이 되고 새가 되는 사람들. 무용수들이 무대 위에 수십 송이의 꽃으로 활짝 피어나고 새의 몸짓으로 하늘을 향해 가볍게 날아올랐다. 봄이 온 것이다. 이미 이곳에선 아름다운 봄의 향연이 시작되었던 거다. 겨울에게 점령당하면서도 마침내 피워낸 봄이라는 이름의 춤이었다. 어떤 이는 문학을, 또 누군가는 음악과 미술이라는 그들만의 봄을 피워 냈으리라.

공연이 끝나고 나니 시계 바늘이 밤 열 시를 넘어가고 있었다. 로비로 걸어 나오는 사람들의 표정이 행복감으로 들떠 있었다. 유럽의 할머니들은 나이가 들면 조금씩 돈을 모았다가 친한 친구들끼리 버스를 대절하여 수개월에 걸쳐 여행하는 것을 이생에 마지막으로 누리는 큰 행복으로 여긴다고 한다. 그곳에서도 일행끼리 서로의 손을 잡고 '원더풀'을 외치며 행복한 표정으로 서성대고 있는 할머니들을 만날 수 있었다. 그 중에 멋지게 정장을 차려입은 아들에게 자신을 의지한 채 겨우 몸을 움직이는 할머니 한 분이 특히 눈에 띄었다. 삶의 화려한 색깔들이 다 빠져나간 듯한 백발과 창백한 얼굴에 잔잔한 미소를 띤 그녀의 등 뒤로 백야의 햇살이 눈부시게 빛나고 있었다. 나는 그만 내 눈이 찔려버렸다.

때론 인생이 너무나 힘들고 지치고 길게 느껴져 그만 멈추고 싶었을 때는 없었을까. 인생의 봄날은 몇 번이나 맞았을까. 그녀는 행복이 밀려온 이 순간을 조금이라도 더 연장하고 싶을 것이다. 백야의 지는 해를, 짧은 봄을 그 순간만이라도 더 잡고 싶은 심경이 아닐까. 감동의 여운을 놓치기 아까워 한참을 지내다 밖으로 나오니 그제야 해가 지고 있었다. 백야의 황혼은 붉고도 슬픈 빛을 띠고 있었다.

가이드에게 이곳의 예술은 지독한 겨울의 추위와 고독의 산물인 것 같아 가슴 떨린다고 하였더니, 러시아를 제대로 느끼려면 겨울에 와야 한다고 한다. 건축학을 전공하고 러시아의 건축을 더 깊이 공부하기 위해 상트페테르부르크 국립대학에서 고대 러시아어를 전공했다는 그. 열이 많은 체질이라 그런지 차가운 러시아의 기온이 자신에게 잘 맞는다고 한다. 고국이 그리워 찾아가면 처음 일주일 정도는 행복한 흥분에 빠지는데, 시간이 점차 흐르면 복잡하고 무언가에 끄달리는 느낌이 들어 다시 이곳이 그리워지더란다. 외롭고 고독하지만 오롯이 자신으로 있을 수 있는 느낌이 들어 그는 여기가 더 편하고 익숙하단다.

한가한 겨울이면 좋아하는 음악이며, 연극과 발레 공연을 자주 접한다고 한다. 공연을 보고 돌아오는 늦은 밤, 전차 전깃줄에 대롱대롱 매달려 외롭게 흔들리고 있는 작은 등불 아래 인적 끊긴 어둑하고 적막한 거리를 혼자 휘적휘적 걷는 기분이란 뭐라고 표현할 수 없는 묘한 맛이라고. 꼭 와서 느껴 보란다.

몸으로 감지되는 유형의 봄이 짧기에 무형의 봄을 만드는 사람들. 우리 인생 겨울임을 이미 알고 받아들이고 있는 사람들. 그래서 그들의 예술도 사랑도 그들이 마시는 술도 참으로 뜨거운 것이 아닐까 생각한다.

때론 인생이 미적지근하다고 느껴질 때, 나도 동토에 갇혀 제대로 앓다가 나왔으면 좋겠다. 나의 겨울의 의미는 무엇이며 어떤 자세로 견디며 어떤 봄을 기다려야 하는지 알아내고 싶다. 마침내 겨울의 집에서 걸어 나올 때는 고통의 상흔이 남아 있으나 더 깊어지고 성숙된 모습이면 좋겠다. 나의 봄과 당신의 봄이 서로 만나 웃음으로 반겨주는 그런 얼굴들이 넘쳐나는 거리를 상상한다.

자명 自明

 가을이 물드는 지리산 자락에 금강경이 펼쳐진다. 해는 서쪽으로 향하고 있다. 저무는 해가 가는 곳은 어디일까. 서쪽으로 십만 국토를 지나면 다다를 수 있다는 서방정토일까. 화엄사 각황전 안에서 스님들과 연주자들이 금강경을 독송하고 있다. 법당 밖에선 법고와 목어와 운판과 범종의 사중주가 장엄하게 울려 퍼진다. '화엄음악제'의 서곡이 열리고 있는 것이다.

 사방이 어둠 속에 사위어 간다. 어둠이 모든 것을 하나로 물들인다. 천년 고찰 화엄사 뜰에 마련된 무대와 객석에 내리는 어둠이 또 하나의 조명처럼 느껴진다. 화엄사 무대는 눈부시지도 화려하지도 않다. 무대를 위한 인위적인 설치나 조명은 최대한 자제하였다. 객석에 앉아 있으면 화엄사 전체가 무대라는 것을 몸으로 서서히 느끼게 된다. 세속의 빛이 너무 밝아서 보이지 않던 것들이 하나둘 눈에 들어오기 시작한다. 물상을 쫓아 밖으로 향하던 시선이 안으로 거두어진다.

객석을 채우는 것은 사람만이 아니다. 오래된 관객들, 부처도 조사도 나한도 보살도, 꽃도 나무도 돌도, 화엄사 구석구석 깃들어 사는 모든 유정 무정물이 다 관객이다. 화엄사 뜰이 작은 우주 공간으로 다가온다. 오늘은 또 어떤 선지식을 만나게 될까. 내 안에 있던 선재 동자가 걸어 나와 금강경 속에 앉는다.

화엄음악제는 2006년에 첫발을 내디딘 것을 시작으로, '길 떠남' '길을 묻다' '길동무' '길눈 뜨다' '기쁨 마중'… '2014년에 정견正見' '심금心琴' '알아차림', 그리고 2017년 '자명自明'에 이르렀다. 매 음악회마다 마치 화두를 잡고 풀듯이 십이 년을 이어왔다.

나는 처음부터 거의 빠지지 않고 화엄제에 동참하였다. 음악을 무척 좋아하는 까닭도 있지만, 화엄음악제를 통해 '답다'가 무엇이며, 답게 행하는 것은 결코 쉬운 일이 아니라는 것을 보아왔기 때문이다. 화엄음악제의 초심이 대중과 시류에 꺾여 변질될까 봐 나는 한편으로 걱정스러운 눈으로 지켜봐 왔다. 관객 중에 뭐라 하는지 모르겠다며 중간에 자리에서 일어나는 이도 있었다. 그런 대중의 마음을 어찌 주최 측에서 모르겠는가. 먼저 알아차린 사람은 자신이 발견한 진리를 혼자서만 누리는 것이 아니라 다른 사람의 손을 잡아 한 단계 더 끌어올려 줘야 하는 의무가 있다.

정치는 정치답고 교육은 교육답고 불교는 불교다워야 한다. 이 세상 많은 즐거움 중에 맑은 즐거움이야말로 불교다운 게 아닌가. 다행히 해를 거듭할수록 화엄제의 색깔에 맞는 사람들의 발길이 끊이지 않고 점점 이어졌고, 이제는 온전히 자리를 잡았다. 스스로를 구도자라고 칭하며 예술로 화엄의 세계를 현현하고자 자신의 역량과 열정을 아낌없이 쏟아붓은 연출자도 훌륭하지만, 그를 믿고 지원해주는 대덕大德 스님들이 안 계셨다면 화엄제의 맥은 끊어졌을 것이다.

'영성음악회'라는 타이틀로 시작한 화엄제는 남다를 뿐만 아니라 가히 실험적이다. 국내외에서 영성 음악을 추구하는 연주자들을 초대하여, 음악을 통하여 가장 근원적인 자신의 내면에 다가가는 시간을 갖게 한다. 많은 사람이 동석하여 진리에 대한 의심을 묻고 대답하는 그야말로 야단법석의 장이다.

그동안 인도 티베트 몽골 일본 중국 미국 캐나다 독일 영국 터키 루마니아 스코틀랜드 등 참으로 다양한 국적을 지닌 연주자들이 화엄사 무대에 섰다. 그들은 소리로 악기로 때론 춤으로, 자신이 추구한 삶을 향한 끊임없는 질문과 노력을 통해 발견한 세계를 자신만의 색깔로 보여 주었다. 화엄사 무대에 서는 연주자들은 공연자라기보다 구도자로서의 자세를 지니고 있다. 단순한 무대가 아닌 구도의 장에서 기도하듯, 진지하고 진정성 있는 모습으로 연주하는 그들은 객석에 앉은 나에게도 구경꾼이 아닌 구도자로서의 자세를 호소했다. 연주자들의 몸짓에는 그들을 길러 낸 땅과 하늘과 자연의 소리가 묻어 있었다. 나는 그들을 키우고 살려낸 이국의 땅에서 불어오는 푸른 바람에 가슴을 열었다. 그들이 걸림 없이 자유롭게 드러내어 놓은 희로애락의 감정들은 참으로 순수하고 아름다워서, 현실 속에서 무디어진 내게도 그런 본성이 있음을 돌아보게 했다. 어떤 작품은 초현실적이며, 한 번도 접해보지 못한 신비한 샤먼적인 제의에 참여하는 듯한 느낌을 주어 충격에 빠지기도 했다. 그들은 나를 흔들어 깨웠다. '이게 뭐지? 이게 뭐지?' 밖에서 들리는 소리에 안에서 감응하는 이것은 무엇인가. 그들 악기의 울림이 내 속에도 악기가 있음을 감지하게 하며 공명을 일으켰다.

한 해는 조명이 완전히 꺼진 어둠 속에서 거문고 주자가 악보도 없이 즉흥 연주를 했다. 거문고는 그녀가 택한 선禪이었다. 그녀는 거문고를 알아차렸기에 자유자재로 부리며 한몸인 듯 놀았다. 아름다우면서도 비장미가 느껴지는 거문고 선율이 경내를 검푸른 비단으로 휘감는 듯했다. 물든다는 것, 가을에 물들고 음악에 물들고 서로에게 물들며 그렇게 밤이 깊어갈 즈음, 뒷산에서 달이 떠올랐다. 산중의 밤이라 기온도 낮고 날씨가 흐려 있었던지라 달의 손이 등에 닿는 순간, 사람들은 뒤를 돌아보았고, 약속이라도 한 듯 일제히 감탄사가 쏟아져 나왔다. 마치 감응이라도 하듯 하늘을 열고 나타난 원만한 달의 등장은 눈부셨다. 그때 조명이 들어왔다. 조명은 어둠 속의 전각을 단박에 살려 내고는 신비로운 빛으로 붓칠을 하기 시작했다. 대웅전이 살아나고 각황전이 눈앞에 나타났다. 각황전에 커다란 눈동자가 떴다. 사람들에게서 탄성이 터져 나왔다. 보라! 제대로 관觀하라고 하는 것 같았다. 그 절묘한 타이밍, 한순간에 번쩍하는 깨달음이 있다면 그와 같지 않을까.

부처가 부처인 까닭은 회향廻向에 있다고 했다. 자신이 닦은 선근공덕善根功德을 다른 사람이나 세상을 향해 돌려내어 함께 나누는 것. 올해도 많은 연주자들의 아름다운 회향이 이어졌다. 그중에서도 '화엄리젠시'란 프로젝트로 이십여 명의 세계적인 아티스트들이 화엄사에 일주일 전부터 머물면서 참선과 명상과 기도의 시간을 가지며, 공동 작업하여 창작한 음악 '자명'을 선보인 것이 인상적이다. 그들 중 몇몇은 전에도 화엄제에 공연한 적이 있는데, 이 무대가 그리워 다시 동참하였다고 한다.

무대는 연주자들에게 삶의 최고의 장이다. 연주자들은 무대 위에서 최선을 다해 지금의 삶을 살고, 관객은 객석에서 지금의 소중한 삶을 산다. 무대 위의 주인공만 주인공이 아니다. 사람도 만물도 존재하는 것은 다 주인공이다. 모든 존재는 존귀하다. 나 혼자만의 존귀함이 아니라 복수의 존귀함을 인정함으로써 함께 더 큰 존귀함으로 나아가게 된다. 아름다운 선지식들이 어우러진 화엄의 뜰에 부처의 흔적이 가득하다.

공연이 막바지에 다다랐다. 늘 화엄제의 든든한 배경과 받침이 되어 주는 화엄 오케스트라가 아름다운 선율로 '현을 위한 아다지오'를 연주한다. 아다지오Adagio 조용하고 느리게. 우리는 너무 바빠 산다. 무엇을 위해 어떻게 살아야 하는지 묻지 않은 채 무언가에 쫓기듯 소중한 순간을 흘려보내며, 내 속에 있는 진아眞我를 놓쳐 버리고 산다. 화엄사 천년의 공간에서 오래된 시간 속에 앉아 천천히 자신을 돌아보는 시간은 참으로 값지다. 이어 오케스트라와 수십 명의 젊은 음악인들로 구성된 합창단이 함께 깨달아 이 세상 어딘가에 있을 행복한 나라를 향해 다 같이 손잡고 나아가자며 아름다운 하모니로 노래한다.

음악이 흐르는 동안 연꽃등을 든 무용수가 객석을 돌고 있다. 천천히 걸음을 옮기며 연꽃을 다른 사람에게 전달한다. 그 꽃은 옆 사람에게 전달되고, 꽃은 또 다른 사람의 꽃으로 환하게 피어난다. 수많은 연꽃이 화엄의 뜰에 가득 피었다. 조명이 들어오며 각황전에도 연꽃을 피워낸다. 물고기가 헤엄치고 나무가 들어서고, 부처의 방에도 불이 들어온다.

만물의 주인은 사람만이 아니다. 너와 나의 분별없이 모든 생명이 서로 어우러질 때 이상적인 세계가 된다. 눈앞에 펼쳐진 이 눈부신 광경을 뭐라고 표현해야 하나. 모두 말을 잃는다. 많은 수행을 하고 만덕萬德을 쌓아 지혜와 광명이 가득하여 사방을 꽃으로 장식한 화엄의 세계가 있다면 이와 같지 않을까.

자명自明. 굳이 설명이나 증명을 하지 않아도 지당한 사실을 스스로 아는 것. 우리는 늘 무언가를 찾으러 떠나지만 이미 지금 여기에 도착해 있다. 모든 것은 이대로 자명하고 자명하다.

음악회의 종료를 알리는 범종이 천지간에 울려 퍼지더니 이내 사라진다. 모든 것은 공空하니 상像도 없고 법法도 없다고 금강경은 설한다. 춤춘 자도, 노래한 자도, 보고 들은 자도 없다. 인연 따라 생겨났다 사라질 뿐. 펼쳐져 있던 금강경을 닫는다.

음악, 말 걸다

 누군가 음악을 좋아한다면, 그는 아마도 외로운 사람일 것이다. 음악도 외로워서 사람과 교신한다. 음악은 고독한 이들이 접속하는 영혼의 기지국이다.

 한때 세상과 분리된 느낌에 빠져 지낸 적이 있었다. 해 질 녘 하루 일을 끝내고 컴컴한 골목길을 홀로 걸어, 따뜻한 불빛이 새어 나오는 창문들을 지나갈 때면 나만 혼자 집이 없는 것 같았다. 기다리는 이 하나 없는 방문을 열고 들어서면 저도 외로웠던지 와락 달려들던 빈방의 어둠과 쓸쓸함. 같은 공간에서 그나마 숨 쉬는 것처럼 느껴지던 건 책상 위에 놓여 있던 빨간 카세트 녹음기였다.

 내게 말 걸어 주는 이 하나 없는데, 닫힌 내 귀를 열게 해준 건 음악이었다. 진정으로 듣고 싶은 말이 많았지만 말 건네주는 이 없었기에 음악에 더 귀 기울였는지 모른다. 음악도 외로워서 내게 말 거는 것 같았다. 진정으로 하고픈 말이 많았지만 제대로 들어주는 이 없어 외롭고 그리워서 하늘을 떠돌다 음악도 나를 찾아왔는지 모른다는 생각이 들었다.

원하지도 않은 무반주 솔로와 같은 삶은 자유가 아닌 스스로를 책임져야 하는 중압감으로 나를 눌렀다. 혼자 깨어 있어야 한다는 건 얼마나 힘든 일인지. 음악이 곁에 없었다면 나는 피폐해졌을지 모른다. 내게 음악은 낭만이라기보다 어쩌면 유일하게 기댈 수 있는 현실 같은 거였다. 쌀이 떨어졌는데도 육체보다 영혼의 허기를 채우려 나는 레코드 가게며 서점을 들락거렸다. 다행히 음악은 사람이 만든 거라는 생각을 가졌기에 사람에 대한 신뢰감을 잃지는 않았다. 만날 순 없지만 나와 비슷한 색깔을 지닌 사람들이 같은 하늘 아래 있다는 생각은 위로가 되었고, 미지의 세계에 대한 동경심을 품게 했다.

나는 음악을 통해 눈에 보이는 것만이 전부가 아니며, 또 다른 아름다운 세계가 있다는 걸 믿게 되었다. 음악은 귀와 마음을 열어주었고, 수용의 편안함과 즐거움을 가르쳐 주었다. 나는 음악을 통해 세상과 연결하고 나누는 소통법을 배웠다.

받아들인다는 것. 나는 클래식이든 재즈든 월드 뮤직이든 뽕짝이든 모든 장르에 차별을 두지 않는다. 어차피 각양각색의 사람들과 어울려 살아가야 하는 다양한 세상이 아닌가. 불순물을 잘 걸러내어 정제된 느낌의 클래식도 좋지만, 사람 사는 맛을 느끼게 하는 가요의 솔직함과 당당함 또한 좋다. 영역을 침범하는 것 같지만 서로를 조화롭게 녹여 새로운 얼굴로 재탄생하는 크로스오브 뮤직 또한 매력적이다. 때론 전혀 접해보지 못한 음악세계 앞에서 '이게 뭐지?'를 연발하며 화두를 붙들 듯 끙끙거려 보는 것도 의미 있다. 음악의 다양성을 받아들인다는 건 세상의 모든 존재를 있는 그대로 인정하고 존중하고 공존하는 것을 의미하는 것이 아니겠는가.

음악하고 놀기. 나는 음악하고 있을 때가 정말 즐겁다. 음악은 내 안에 마음대로 들락거려도, 나를 나이게 한다. 우리는 서로 건들기도 하고 내버려 두기도 한다. 저는 저 생각을 하고 나는 내 생각을 하며 한방에서 지낸다. 음악은 탁하고 정체된 방 안 공기를 환기하기도 하고, 주변과의 촉매 역할도 한다. 지친 나를 수혈해 주기도 하고, 피를 잘 돌게도 해 준다.

음악을 듣다 보면 음악이 하는 말이 좋아 나도 모르게 흥얼거리며 따라 부르게 된다. 선율과 가사가 아름다운 노래를 만나면 내 것으로 만들어, 음악더러 들으라고 답가를 부르기도 한다. 흐르는 음악에 입을 맞추어 이중창을 하거나 합창에 끼어들어 하모니를 맞추면 마치 나도 우주의 일원이라도 된 듯 가슴 벅차다. 나는 집 안에서도 집 밖에서도 노래 부르기를 즐겨한다. 호젓한 길을 걷다 보면 어느새 노래를 부르고 있는 나를 발견한다. 기쁠 때는 물론이거니와 울적할 때도 노래를 부를 수 있는 나는 행복한 사람이 아닐까 싶다.

  음악은 또 하나의 풍경이다. 나는 CD를 사면 첫 개봉을 드라이브 중에 한다. 음악과 함께 길 위를 달려가다 풍경 속에 음악을 한 방울 떨어뜨리면, 풍경에 색깔이 입혀지고 계절은 더 깊어진다. 가만히 서 있던 나무들이 다가서고, 열린 창문으로 꽃향기가 날아든다. 한순간이 정지되며 움직임 속에서도 고즈넉함과 한가함에 빠지게 된다. 내가 좋아하는 바다를 낀 산길을 넘으며 트럼페티스트 크리스 보티의 숨이 끊어질 듯 이어지는 '아베 마리아'를 듣고 있으면, 간절한 기도는 길 위에서도 이어짐을 느낀다. 해 질 녘 바닷가에 차를 세워 두고 함께하는, 조국 러시아를 그리워하며 노래하는 붉은 군대 돈 코사크 합창단은 지는 해보다 더 붉고 뜨겁다. 달빛 쏟아지는 밤, 바다가 잘 보이는 언덕배기에 차를 세워 놓고 문을 활짝 열어 대금 산조를 사방에 풀어놓으면, 달빛은 보인다기보다 들리는 것에 가깝다. 바다가 달빛에 젖고, 달빛 또한 바다에 젖으면 나도 젖는다. 춤을 춘다. 이런 나를 누가 뭐란들 어쩌겠는가. 이 순간 이렇게 살아 있는 나를.

  이승을 위한 위로 중에 음악만 한 것이 있을까. 어쩌면 음악은 지상의 외로운 영혼들을 위하여 신의 손에 의해 만들어진 것이 아닐까. 음악은 모든 감정이 녹아 있는 수많은 언어의 집합체다. 삶의 악보가 쓸쓸하여 내 목젖이 젖어버린 날이면 나는 음악이라는 큰 방에 몸도 마음도 뉘어 놓고 스피커 볼륨을 높인 채 꼼짝하지 않는다. 음악이 외부로부터 나를 차단시켜 준다. 잠복해 있던 슬픔이 스멀스멀 몸 밖으로 나온다. 누군가 슬픔의 내공이 강한 사람들이 만든 비서秘書를 손에 쥐고 안으로 들어오는 소리가 들린다. 생의 비애를 아름답게 승화시킨 작곡가와 연주자들이 음악 속에서 걸어 나와 고통과 슬픔이 심각해지지 않도록 덜어준다. 어찌할 수 없는 슬픔은 스스로 산화될 때까지 달리 방도가 없기에 무형의 음과 음 사이에 흐르는 시간과 공간에 나를 맡기고 통과하도록 기다릴 수밖에 없다.

 음악이라는 당신. 음악은 수많은 당신이다. 어쩌면 음악을 듣는다기보다 당신을 듣는다는 표현이 맞을 것이다. 나를 가득 채웠다가 비우고는 이내 사라져버리는 당신. 보이지도 붙잡을 수도 없어 허망한 것 같으나 푸른 바람 같은 당신이 있어, 나는 나를 숨 쉬고, 나의 노래를 부른다. 생이라는 음악이 꺼지는 날, 영원한 고요와 함께 나 또한 고요가 될 때까지….

 고마운 아름다운 당신.

3부
길을 찾는 사람들

생각이라는 병

선방 문고리

랑골리

그리움의 자리

종과 당목

지심도 연가

화독花毒

길을 찾는 사람들

불이不二

생각이라는 병

"아가씬 생각이 너무 많아 탈이네요."

수시로 찾아오는 두통을 도저히 견디지 못하여 약국을 찾았는데, 약사가 빤히 쳐다보더니 한 말이다. 임시방편으로 두통약은 일단 처방해 주지만 근본적으로 두통에서 해방되려면 생각을 놓아야 한다고 말한다.

순간 '생각이야말로 병이다'란 시인 고은의 말이 머릿속을 스쳤다. 처음 그 글귀를 발견했을 때 고은 선생이 마치 내 머리를 툭 치는 듯한 느낌을 받았었는데, 전문 약사의 진단이 그것과 일맥상통한 것 같다. 나를 들켜버린 느낌이랄까. 스스로도 두통의 주기가 어떻게 찾아오는지를 보아 왔는지라 그의 말에 쉽게 수긍이 갔다. 그렇게 콕 찍어 주니 한편으론 속이 시원했다. 어쨌든 내 두통의 원인이 일단은 너무 많은 생각이라고 진단이 났으니 처방을 따를 수밖에 별 도리가 없었다.

  문제는 산다는 거였다. 살아 있다는 건 생각이 살아 있는 거라고 스스로 신념을 가지던 나이였다. 생각 없이 어찌 그리워하고 사랑하며, 생각 없이 어떻게 꿈꿀 것인가. 열심히 생각하는 거야말로 깨어 있는 것이며 제대로 살아가는 거라고 생각하던 때였다. 밥을 먹으며, 길을 걸으며, 잠자리에 들면서, 새벽에 문득 잠에서 깨어날 때도, 거울 속의 나를 들여다보면서도 생각을 놓지 말자고 스스로에게 다짐하고 또 다짐해 왔었다. 생각이 가득 찬 책을 읽고, 생각이 노래하는 음악을 들었다. 쌀이 떨어졌을 때도 허기진 배보다는 정신을 채우러 발길은 서점으로 레코드 가게로 영화관으로 드나들었다. 생각은 꼬리에 꼬리를 물며 끊임없이 따라다녔고 나는 '생각'이란 놈을 지독하게 즐겼다. 내심 꽤 괜찮아 보이는 동반자를 둔 것 같아 한편으론 자랑스럽기도 하였다.

  하지만 생각은 늘 나를 편안하게 내버려 두지는 않았다. 때론 생각이 머리를 향해 계속 위로 솟구쳐 이마에 열이 쩔쩔 끓고 온몸이 견디지 못해 요동쳤다. 머릿속에 온통 무거운 걸, 뜨거운 걸 넣었으니 과부하가 걸리는 건 어쩌면 당연한 일이었다. 급기야 생각이 몸속에서 반란을 일으켰다. 혼란 그리고 정체. 어떤 날은 엉킬 대로 엉킨 생각이 검은 피가 되어 더 이상 돌지 않았다. 생각의 체증은 속 체증으로까지 연결되었다 나는 자가 처방으로 엄지손

가락에 실을 칭칭 감아 바늘로 따서 검붉은 피를 빼냈다. 생각에 지독하게 끄달릴 때마다 반복되는 지병. 생각이 나도 모르는 사이 정신뿐만 아니라 몸까지 점령한 것이다. 생각에 나는 한없이 끌려다녔으며 휘둘리고 있었다.

생각은 시시각각 대상을 바꾸며 쫓아다녔다. 나중엔 대상이 문제가 아니라 '쫓아다님' 그 자체에 묶이고 있었다. 이건 아니다. 구속이다. 집착이다. 벗어나야 한다. 자유롭고 싶다고 속에서 소리치고 있었다.

약사의 처방을 받던 날, 머리가 맑아지는 느낌을 받으며 나는 생각에서 확실히 탈출해야겠다고 단단히 결심했다. 그 이후로 명상, 선이라는 단어가 점점 신선하게 내게로 다가왔다.

내겐 빨래하기를 즐기는 습성이 있었다. 그 당시엔 세탁기가 없어서 일일이 손빨래를 하던 시절이었다. 기분 우울한 날이면 마치 의식을 치르듯 빨래를 즐겼다. 내가 빨래와 하나가 되는 느낌이랄까. 일상에 후줄근해진 몸과 마음을 물에 푹 담그고 비비고 헹구어 빨랫줄에 걸쳐 축 늘어뜨릴 때면 무거운 자아를 걸쳐 놓는 느낌이 들었다. 신선한 바람에 흔들리고 햇빛에 말리면서 난 뒤에 찾아오는 말쑥함은 한결 가벼워진 자아로 새로운 옷을 갈아입은 듯한 느낌이 들어 좋았다. 허나 그때도 생각은 그 순간에 완전히 몰입하지는 못했다. 공연히 일어난 딴 생각에, 때론 허망한 생각에 잡혀 근심하고 걱정하면서, 현재 시제는 빨래 중이었으나 생각은 과거나 미래에 빠져 있기가 다반사였다.

그 날은 휘영청 하니 달이 참으로 밝았다. 나는 주로 하루의 일상이 끝나는 밤이면 빨래를 하였다. 빨래를 하려고 커다란 통에 물을 받아 놓았는데, 거기에 달이 들어 있었다.

한 번도 발견하지 못한 온전한 모습으로. 시간이 정지되고 바람이 완전히 멈추어버린 느낌이 들었다. 그 순간 나도 주변도 모든 것이 달물에 빠지고 달물에 젖어 하나가 된 느낌이 들었다.

'지금 그리고 여기'란 구절이 확 다가왔다. 갑자기 머릿속이 맑아졌다. 가슴이 시원하게 뚫리는 느낌이었다. 생각을 놓으라는 말이 무엇을 의미하는지 알 것 같았다. 누군가 도가 뭐냐고 묻는 질문에 '밥 먹을 때는 밥 먹고 잠잘 때는 잠자라.'는 그 단순한 답이 명답이구나 하는 생각이 들었다.

해답을 찾으려 생각이 또 다른 생각에게 질문을 거듭하며 무수히 고심하고 발버둥쳤지만 늘 허사였는데. 감히 내게 온 작은 깨달음이라고 말할 수 있을까. 이 또한 생각의 유희라고 할지 모르나 몸과 마음이 그렇게 가벼워지며 확연해지는 느낌은 처음이었다.

그때의 체험을 이후로 단순하게 산다는 것, 평범 속의 진리를 발견하고 실천하려고 노력했다. 그리고 서서히 두통에서 벗어나고 있는 자신을 발견했다.

지금도 지독한 생각에 잡히거나 몸의 균형이 깨어지면 놈이 내

머리를 쿡쿡 찌르며 공격한다. 하지만 이젠 놈의 얼굴을 알아보아 방어도 할 수 있게 되었고 예전처럼 일방적으로 끌려다니지는 않는다. 가끔씩은 놈과 즐기기도 하는 여유를 부릴 수도 있으니 얼마나 다행인지 모른다.

까르페 디엠Carpe Diem! 순간을 즐겨라!

책상 앞에 붙여 놓고 가슴에 새기는 글귀다. 모든 것은 순간이다. 영원한 것은 없다. 지금 살아 있다는 사실만으로도 충분하다. 나는 지금 기쁘다. 충분하다. 나는 지금 슬프다. 이 또한 충분하다. 우리는 지금 함께 있다. 참으로 참으로 충분하다.

선방 문고리

"저게 뭐로 보입니까?"
"바위로 보입니다."
바위를 보고 바위라고 대답했는데, 그녀는 목청껏 크게 웃는다. 이번엔 내가 되받아 묻는다.
"저게 뭐로 보입니까?"
"부처 눈엔 부처, 돼지 눈엔 돼지로 보이는 거겠지요."
우리는 마치 어설픈 선문답이라도 흉내내는 양 주거니 받거니 서로 웃는다. 절에서 만났기 때문일까. 그녀와 나는 오래 전부터 함께 지내와 서로의 마음을 잘 읽을 수 있는 사이처럼 짧은 시간 안에 친해졌다. 오늘은 수덕사를 품고 있는 덕숭산 꼭대기에 있는 정혜사를 순례하는 날이다. 이곳 지리에 훤한 그녀가 수덕사 대웅전 앞에서 손으로 가리키는 정혜사를 올려다보니 까마득하다. 천 계단쯤 올랐다 싶으면 당도할 거란다. 천 계단이라. 그녀가 말하는 천이라는 개념도 마음의 수치가 아닐까 짐작해 본다.

이른 아침 인적이 드문 시간이라 산길은 참으로 고요하고 평화롭다. 산에는 이름도 얼굴도 잘 모르지만 착한 것들이 많이 있다는 생각이 들어 나는 산길에만 들어서면 기분이 좋아진다. 아무도 제 이름을 불러주지도, 얼굴 한 번 쳐다봐 주지도 않지만, 섭섭해하거나 불평 한 마디 없이 그냥 제자리를 지키고 있는 생명들. 나도 그들과 같은 작은 풀꽃이 되어 본다. 그리고 그들과 이웃이 되어 조화로운 삶을 이루고자 마음을 낮추어 본다.

사진 작가인 그녀는 가던 길을 멈추고 길 옆 키 작은 야생화, 햇살 내리는 나뭇가지 사이에 걸린 푸른 하늘, 물에 뜬 나뭇잎들, 산에 사는 고운 것들을 카메라에 담느라 열심이다. 그녀에겐 바위도 유정물로 보이는 것 같다. 나는 무심코 지나칠 것인데, 들여다보고 살펴보는 그녀가 궁금하고 한편으론 부럽다고 생각하며, 그녀와 걸음의 속도를 맞추어 어깨 너머 카메라의 각도를 나도 어림으로 재어 본다.

"사진 작업은 좋은 공부에요. 어떤 대상을 담으려고 할 때 제일 먼저 해야 할 일은 무엇을 버려야 할 건가를 선택하는 거랍니다."

담기 위해서 버릴 것을 먼저 선택해야 한다는 그녀의 말이 경전의 한 구절처럼 다가온다. 나라면 무엇을 버리고 담을까.

정혜사는 경허와 만공선사의 법력을 이어 가는 청정수행처이다. 스님들의 안거 기간에는 일반인 출입이 통제된다. 마침 안거가 해제되어서 쪽문이 열렸고, 용맹정진하던 스님들께선 하산하셔서인지 경내는 한산하고 조용했다. 관음전에서 내려다 본 뜰은 참으로 고적하고 아름답다. 누가 저리도 깨끗이 비질을 해 놓았을까. 아직도 비질의 흔적이 남아 있는 정갈한 뜰을 보니 내 마음의 티끌도 쓸려 가는 느낌이 든다. 조용조용 걸음을 옮기며 한국 근대 선방 중 선풍이 살아 있기로 소문난 능인선원으로 다가갔다.

댓돌 위에 고무신 한 켤레. 아직도 누군가 떠나지 못하고 화두를 붙들고 계신 모양이다. 때 묻지 않은 하얀 고무신의 가지런한 모습이 신발 주인의 성정을 짐작케 한다. 닫힌 선방 안에서 햇살이 부드럽게 스며드는 문살을 바라보며 답을 구하고 있을 선승의 눈빛이 궁금하다. 방해가 될세라 마루턱에 앉아 조용히 문고리를 두 손으로 잡고 머리를 기대어 본다.

삶은 그동안 나에게도 수많은 질문을 던졌으리라. 어머니의 죽음, 이별, 우정, 사랑, 그런 것들에 부딪힐 때마다 나는 진정한 답을 찾으려고 얼마나 노력하였었나. 제대로 질문하기는 해 보았나. 삶이 위로하고 격려하며 때론 아픈 질책으로 힌트를 주었을진대 어리석은 나는 늘 정답을 피해가며 살았던 건 아닌지. 단지 산다는 것 외에 멋진 해답이 있기나 한 것인가.

문고리는 세월에 손길에 닳고 닳아 반질반질하다. 얼마나 많은 선승들이 이 문고리에 마음을 잡고 놓았을까. 안과 밖, 여기와 저기, 너와 나, 닫힘과 열림, 수많은 의문과 해답의 문턱에 문고리가 있는 게 아닐까. 나라는 경계를 넘어 또 다른 세상으로 나오게 해 주는 고마운 손. 문고리는 지혜의 상징일까. 사랑과 자비의 의미 일까. 깨달음의 상징일까. 과연 문고리를 잡고 놓는 마음이 달랐을까. 미처 몰랐지만 이 세상엔 수많은 당신이라는 문고리가 있었던 게 아닐까 생각 든다. 자신도 모르는 사이 고맙다는 생각도 잊은 채 그 문고리를 잡고 놓았지 싶다. 무심해 뵈는 문고리 앞에서 한참을 머물고 있는 나에게 저만치서 그녀가 묻는 것 같다.

"그게 뭐로 보입니까?"

"문고리로 보입니다."

우리는 도반이 된 듯 어깨를 나란히 하며 함께 오래된 보리수나무 옆을 천천히 한 바퀴 돌아본 뒤 넙적 바위에 걸터앉았다. 저 아래 내가 올라왔던 세상이 보인다. 툭 트인 하늘. 바람은 걸림 없고 햇살은 청명하고 다사롭다. 그녀에게 소리 선물을 하고 싶어진다. 이황 선생의 '청산은'을 시조창으로 부른다. 소리는 허공중에 사라진다. 그녀가 내게 합장해 주었다. 나도 합장한다.

이제 하산하리. 빈 뜰과 선방을 뒤돌아본다. 그녀가 카메라를 챙겨든다. 무엇을 담았을까. 나는 정갈한 뜰 하나, 선방 하나, 그리고 내 마음 속에 품고 싶었던 문고리를 챙긴다. 그리고 올라왔던 길로 다시 내려간다. 살아야 할 세상이 점점 가까이 보인다.

랑골리

 저기 누군가가 있다. 사람도 사물도 미처 깨어나지 않은 신새벽에. 희미한 안개 속에 공기는 푸른 기운을 머금고 있었다. 밤새 난방이 잘되지 않은 방에서 잠을 설치다가 이른 새벽 먼 길 떠날 채비를 하고 거리에 나서는 참이었다. 인도 땅을 밟은 지 며칠이 지났건만 회색빛 매연과 소음과 낯선 사람들의 낯빛은 여전히 불편함과 불확실성으로 다가왔다.

 인도의 진짜 얼굴은 무엇일까. 오늘은 그 모습을 찾고 싶다고 생각하며 발걸음을 옮기는 중이었다. 어스름한 길 저쪽에 무언가 움직이고 있는 게 분명하다. 여인이었다. 여명이 미처 트기도 전에 무엇을 하고 있는 걸까. 대문 앞 땅바닥에 작은 몸으로 쪼그리고 앉아 무언가를 열심히 그리고 있다.

랑골리! 말로만 듣던 랑골리Rangoli였다. 랑골리란 인도의 여인들이 이른 아침에 마당이나 집 앞의 길을 깨끗이 쓸고 그 위에 색색의 쌀가루를 이용해 손으로 그림을 그리는 전통미술로 일종의 종교적 명상 의식이다. 안녕과 복을 기원하고 방문객을 환영한다는 의미가 내포되어 있다. 땅에 그리는지라 사람이 밟고 다니고 비와 바람에 쉽게 지워지는 특성이 있는데, 우리의 생명 또한 그처럼 유한하다는 것을 의미한다. 사라지는 그림이지만 정성껏 그리며 최대한 아름답게 살고자 하는 염원이 담겨 있다. 지금은 돌가루를 주로 사용하지만 처음엔 쌀가루를 이용하였다고 한다. 이는 개미나 새 또는 벌레 같은 미물들에게 보시하며 공생한다는 뜻이 담겨 있다.

인도를 떠나와서도 한동안 그 이미지가 지워지지 않았다. 랑골리의 감동을 나의 삶 속에도 재현하고 싶었는데, 어디에서 찾으며 어떻게 실천해야 할지 감이 쉽게 오지 않았다.

얼마 전 문화예술회관에서 '랑골리'라는 주제 아래 설치 미술이 전시되고, 그 옆에서 월드뮤직 싱어와 기타리스트가 협연하는 작은 음악회가 있었다. 음향기기가 준비되지 않아 연주자는 다소 당황한 눈치였다. 계획된 것이었는지는 모르나 전시관 자체의 울림이 좋아서 감상자로서는 가공되지 않은, 잡물이 섞이지 않은 순수한 공기를 그대로 호흡하는 느낌이라 아주 좋았다. 악보도 없이 꿈꾸듯 잠자듯 기타를 연주하며 자신의 존재보다 싱어의 노래를 살려 주던 기타리스트의 모습이 인상적이었다. 알고 보니 두 사람은 부부였다. 그날따라 바깥엔 비바람이 억수같이 몰아쳤다. 악천후에도 불구하고 찾아온 방문객을 위하여 그들은 최선을 다했고, 손님들도 아낌없는 감사의 박수를 보냈다.

소리로 그린 '랑골리'라는 생각이 들었다. 행사를 기획한 단체도 연출가도 연주자도 초대 손님과 아름다운 순간을 함께 하기 위한 랑골리를 꿈꿨으리라. 연주가 다 끝나고 돌아서 나오며 앉았던 자리를 뒤돌아보았다. 거기, 가슴 떨리며 하나가 되었던 시간은 이미 사라진 뒤였다. 그래도 좋으리.

오늘 그 댁 마당에서 또 하나의 랑골리를 보았다. 지난 대보름날에 함께 달맞이하자고 오라시더니 이번엔 꽃 전갈을 보내오셨다. 대문을 들어서니 마당 가득 새로운 계절의 옷을 입은 식구들이 손님 맞을 준비를 하고 있는 듯하다. 키 큰 과실나무엔 조롱조롱 작은 열매들이 달려 있고, 예쁜 꽃들이 활짝 웃는 얼굴로 나를 반긴다. 키 작은 야생화는 수줍은 얼굴로 제 작은 키에 맞추어 낮게 앉아보라 한다. 텃밭엔 갖가지 채소들이 온몸을 내어줄 양 싱그러운 모습으로 땅에 뿌리를 박고 있다. 마당 한편의 작은 집에 사는 진돌이도 너무 반가워서인지 짖는 것도 잊은 채 꼬리를 흔들며 환영한다. 그들의 환대에 내 마음도 덩달아 환해진다.

푸른 하늘도 실컷 내려앉고, 울타리 너머 멀리 바다도 넘실대며 마당을 넘보는 듯하다. 구석구석 부지런한 주인장의 손길이 닿지 않은 곳이 없다. 어디서 이렇게 예쁘고 착한 것들을 데려다 놓았을까. 정이 많으신가 보다. 부러움에 욕심이 많으신가 하고 괜히 짓궂은 생각을 했다가 피식 웃는다. 집안에 동물이든 식물이든 산목숨을 잘 살게 해주면 복 받는다는 옛 어른의 말씀이 생각난다. 오늘은 사람까지 불러 이렇게 행복하게 해 주시니 두 부부의 아름다운 공덕에 너무나 감사하여 절로 고개가 숙여진다. 하늘도 땅도 바람도 주인장의 복 쌓기에 크게 동조하는 듯 모든 것이 풍요롭고 평화롭다.

우리 인생은 어쩌면 수많은 랑골리 속에 있는 게 아닐까. 나는 찾아올 손님을 위해 어떤 랑골리를 만들고 있을까. 행여 소중한 것들을 맞을 준비가 부족하여 그대로 돌려보내는 건 아닌지.

누가 방문할지 나는 모른다. 가까운 사람의 얼굴일지. 신이 모르는 사람의 모습을 빌렸을지. 자연의 존재로 다가올지. 행복을 안겨다 줄지, 불행을 갖다 놓을지 그 또한 모른다. 다만 누구든 진정한 사랑으로 그들을 맞을 랑골리를 그리는 것이 내가 할 일이 아닐까. 인도의 그 여인처럼. 우리가 살아 있어서 함께 행했던 유심한 모든 것들이 언젠가는 무심한 시간에 다 지워지고 말지라도 말이다.

그리움의 자리

　해가 지면 외롭단다. 달이 뜨면 그립단다. 어쩔 수 없는 외로움 그리움이란다. 아무도 대신해 줄 수 없단다. 아내인 내가 곁에 있어 덜어 주고 채워 주긴 하지만, 이 세상 올 때부터 가져온 것이라 어쩔 수 없단다. 섭섭해 하지 말란다. 이럴 땐 엄마가 너무 보고 싶단다.
　자신의 속내를 내게 보여주는 그가 고맙다. 그 맘을 알 것 같다. 나도 그와 비슷한 속말을 품고 있기 때문이다. 밖으로 드러내지 않을 뿐 세상 사람들 모두 비슷한 외로움과 그리움을 지니며 살고 있는 게 아닐까.
　보름달이 허공에 홀로 떠 있다. 다 채웠지만, 다시 비워야 할 것을 아는 얼굴이다. 어쩌면 달도 그리움 때문에 뜨고 지는 게 아닐까. 달이 자꾸 부르는 것 같다.

　시어른 두 분을 모셔 놓은 공원묘지의 언덕을 오른다. 혼자라면 이 밤에 상상도 못 할 일이다. 그가 함께 있기에 두려움을 떨쳐 낼 수 있다. 어둠 속에서도 길은 훤하다. 공원묘지가 있는 도시에 살 때, 주말에 특별한 계획이 없을 때는 소풍 겸 찾아와 수없이 걷던 길이다.

　공원묘지는 아름다운 자연으로 잘 조성되어 있다. 외국의 추모공원은 산 자와 죽은 자가 공존하는 문화공간으로 인식되어 있어, 아이들이 단체로 또는 가족 단위로 소풍 겸 방문한다. 육체와 영혼, 삶과 죽음의 경계를 짚어 보게 하는 교육의 장소로 삼는 게 아닌가 싶다.

　공원묘지는 사시사철 화려한 꽃들로 그야말로 꽃동산을 이룬다. 고인에게 영원히 지지 않는 조화를 바치는 심경은 어떤 것일까. 나는 자주 드나들면서 그 꽃이 시들기도 한다는 것을 알게 되었다. 이곳에 처음 주소를 둘 때 화려한 봉분과 장식물로 생전의 영광을 자랑하던 무덤들이 있었지만, 시간이 점점 흐르고 산 자의 기억 속에서 멀어져 가면서 잡초가 우거지고, 잊혀 가는 서러운 자의 모습으로 남게 되는 것을 보았다. 고인을 기억하고 찾는 걸음 수에 비례해서 꽃의 빛은 바래어 시들고 떨어지기도 하는 것이다.

　묘지엔 여러 풍경이 있다. 가끔은 젊은 연인이 손을 잡고 한적

한 데이트를 즐기는 모습이 눈에 띄기도 한다. 수많은 묘지 앞에서 사랑을 속삭이고 확인하는 연인이라면 순간적이 아닌 영원한 사랑을 함께 꿈꾸고 기약할 수 있는 사이일 것이다.

남편은 늦깎이로 결혼했다. 부모님이 떠나실 때 혼자여서 편히 눈을 감지 못하시게 한 불효를 했다고 생각하였는지, 남편은 결혼 초부터 이곳을 수시로 드나들었다. 산소에 오면 우리는 먼저 잡초를 뽑고 잔디를 고르고 심어 놓은 두 그루 향나무를 전지한다. 남편은 부지런한 아버님께선 동네 골목 청소를 도맡아 하셨다며 산소 주변과 앞길을 정리한다. 생전에 따뜻한 밥 한 그릇 못 올려 드린 며느리인지라 두 분 산소 손질은 내가 나선다. 겹벚꽃이 흐드러진 봄날 남편은 떨어진 꽃잎들을 가득 담고 와 무덤에 꽃 이불을 덮어드렸다. 옛집 마당 가득 넘치던 치자 향을 옮겨 드리고 싶다며 치자나무를 심기도 했지만, 뿌리를 내리는 데에는 실패하였다. 산소 손질이 끝나면 향을 피우고 맑은 녹차를 고운 찻잔에 부어 드린다. 남편은 두 분이 내 노래를 좋아하실 거라며 한 곡조 뽑으라고 한다.

나는 산소에 오면 봉분의 곡선이 어머니의 젖가슴 같아서 쓸쓸하면서도 편안함이 느껴진다. 하늘은 열려 있다. 구름은 어디서 와서 어디로 가는지. 바람이 다녀가나 자취 없다. 노래도 흔적 없이 사라지는 것. 허공에 소리를 놓는다. 듣고 계십니까.

가까운 묘원에 누워 있는 먼저 간 친구의 묘를 남편은 찾기도 한다. 근처에 시인의 묘가 있어 내게는 또 다른 의미 있는 장소이기도 하다. 친구의 묘는 어머니와 나란히 안치되어 있다. 죽어서도 어머니와 함께 누워 있는 그가 부럽다. 남편이 친구랑 얘기를 나누는 동안 나는 시인에게 다가가 말을 건다. '돌아선 하늘 아래 산도 들도 나무도 풀도 꿈결처럼 홀로서 가고 하염없는 설움 이끼에 묻고 가랑비 맞으며 말없이 서 있노라'던 시인의 심경을 함께한다.

아까 저녁 앞장섰던 달이 건너편 산등성이에서 지켜보고 있다. 아무도 쳐다보지도 말 걸어 주지도 않는 외로운 이에게 달은 유일한 위안일 수 있다. 어둠은 보이는 자와 보이지 않은 자, 남은 자와 사라진 자의 분별을 없앤다. 삶과 죽음의 경계가 다르지 않다고 말한다. 달이 은은한 빛으로 세상을 부드럽게 감싸고 있다. 달빛이 어둠 속에서 가르는 세상의 경계가 뚜렷하지 않아 모든 것이 하나로 편안하게 녹아드는 느낌이다. 사방이 고요하다. 달빛을 받으며 누워 있는 자들에게서 평화로운 침묵이 흐른다. 우주의 침묵이 있다면 이런 것일까. 언젠가는 우리도 이들과 같이 침묵하며 영원히 누우리라.

남편이 가만히 내 손을 잡는다. 고맙고 미안하단다. 미안하다는 말에 마음이 머문다. 그가 내 그리움을 헤아리는 까닭이리라. 우리 어머니는 한 줌 재로 강물에 흘러가셨기에, 보고 싶어도 찾아갈 곳 하나 없는 내 마음의 오래된 빈자리를 알기 때문이다. 어쩌면 내 삶은 어머니의 빈자리를 찾아 그 의미를 물어 왔던 것인지도 모른다. 눈에 보이는 것만이 전부가 아니라고. 보이는 것보다 보이지 않은 것에 본질이 있음을 찾아야 한다고. 아무 곳에도 흔적이 남지 않았기에 허망한 기대도 집착도 버릴 수 있었기에 차라리 다행이라는 생각이 든다.

미안해하지 마세요. 저는 괜찮답니다. 당신이 그리움을 확인하는 자리가 작은 평수의 이곳이라면 우리 어머니는 제 마음 가는 곳이면 어디든 계신답니다.

나도 남편의 손을 꼭 쥔다. 그리움이 맺어준 사이다. 그리움이 있어 서로를 꿈꾸고 사랑하며 삶을 아름답게 이어가게 되는 게 아닐까. 그리움은 우리가 이 세상에 존재하는 마지막 날까지, 그리고 이후로도 기억하는 자에 의해 계속될 것이다. 저 달은 우리가 가고도 더 오래도록 남아 수많은 그리움들을 지켜보고 있으리라.

종과 당목

하도 울어서 묶어 놓았단다. 나더러 풀어 주란다. 태풍이 온 천지를 휩쓸며 지나간 다음날, 가까운 사찰을 찾았다. 마침 경내에 선 절집 사람들이 기다란 빗자루며 갈고리를 하나씩 들고 태풍이 할퀴고 지나간 상흔을 수습하고 있는 중이었다. 크고 작은 나뭇가시와 꽃들이 강풍과 폭우를 견디지 못하고 꺾이고 부러져 땅바닥에 이리저리 널브러져 누워 있다. 스님께서 쓰러진 꽃대를 일으켜 세우며 안타까워하신다.

"이럴 땐 키 큰 놈들보다 납작 엎드린 작은 놈들이 더 잘 버텨내지요."

풀들도 얼마나 땅을 움켜잡았다 놓았는지 시들시들 힘든 표정이 역력하다. 도와드릴 게 없냐고 물었다

"저 종 좀 풀어 주세요."

종각 기둥에 당목撞木이 굵은 줄로 단단히 묶어져 있었다. 종을 울리지 말라고 묶어 놓았단다. 태풍 때문에 당목이 자꾸 종을 건드려 밤새도록 온 사방에 울음을 쏟아 놓아 절간 식구들의 잠을 설치게 하더란다. 그래서 할 수 없이 묶었다고 한다.

　한바탕 고통을 겪고 지나간 종과 당목의 모습이 숙연하게 다가온다. 묶어 놓은 줄을 푸는데 당목의 몸이 종 쪽으로 스르르 기운다. 종소리의 여음이 손끝으로 전해오는 듯하다. 소리를 묶어 두었구나. 묶인 건 소리였구나. 여태까지는 소리의 주인으로 종의 공덕만 앞세웠는데 당목의 의미를 미처 헤아리지 못했다는 생각이 든다. 아름다운 공모가 만들어낸 소리였다. 종이 잠들지 못하고 울린 것은 제 소리만 하려는 것이었을까. 절간 한편에 서서, 큰 바람 앞에 어찌지 못하고 고통을 겪어야 하는 말 못하는 뭇 생명의 아픔을 대변하는 소리가 아니었을까. 세상에는 음모를 지닌 힘 있는 자들이 바른 소리를 묶어버리기도 한다. 얼마나 많은 소리다운 소리가 그들의 횡포에 묶이고 사라지고 했겠는가. 개인사 울음이 아니다. 공생 공존의 울음이다. 세상의 아픔을 위무하고 평화를 기원하기 위해 종과 당목이 합세하여 빚어내는 소리다.

　고등학교 불교학생회 시절 나는 예불 시간이면 자주 절을 찾곤 하였는데, 이유 중 하나는 범종 소리 때문이었다. 종소리가 울릴 때면 그 저음부는 땅을 울리고 내 존재의 밑바닥부터 건드는 것 같았다. 그리고 깊고 묵직하면서도 부드럽게 나를 통째로 울리고 투과하여 세상 속으로 퍼져 나가는 것 같았다. 어떤 것에서도 체험할 수 없었던 묘한 느낌이었다.

  종이 울리면 숲이 흔들리고 산이 울렸다. 종소리는 저 혼자만의 것이 아니라 함께하는 울림의 소리라는 생각이 들었다. 종은 몸체 아래쪽에 귀를 열어 두고 수많은 존재들이 인연의 바람을 만나 내는 소리를 품었다가 제 속으로 삼키고 삭히고 돌려서 내는 게 아닐까. 산도 그 소리를 알아듣고 깊고 넉넉한 품에 안아 제 속에 공존하는 많은 존재에게 들려주고, 다시 그들의 울림이 돌고 돌아 산을 가득 메우는 둥근 우주의 소리가 아닌가 싶었다.

  나는 그 날도 종각 근처에 얼쩡거렸다. 종에 닿는 당목의 몸놀림과 힘께 휘날리는 스님의 장삼자락은 참으로 멋진 춤사위었다. 눈에 보이지 않는 어떤 힘이 존재하는 것일까. 어떤 법칙이라도 있는 걸까. 종에도 중심부가 있는지 어떤 부분에 닿느냐에 따라 소리의 강도와 질감은 달랐다. 유심한 마음으로 그 곁을 빙빙 도는 내 속내를 읽으신 듯 스님께서 당목을 건네주셨다.

  사찰의 사물 의식 중 법고는 가죽을 지닌 동물 또는 축생을 위하여, 운판은 날짐승, 목어는 수중 생명, 범종은 사람들이 번뇌에서 벗어나 지혜가 생기게 하고 지옥중생까지 제도한다는 의미가 담겨 있다고 하셨다. 이타의 마음으로 정성껏 쳐보라고 하셨다. 살면서 나 아닌 다른 존재들을 위하여 진정으로 기도해 본 적이 있었던가. 나는 나 자신조차도 제대로 위로해 본 적이 없는데.

나는 있는 힘을 다 모아 종을 쳤다. 멋진 때림이었다. 종소리는 먼저 내 몸을 울리고 세상 속으로 퍼져 나갔다. 종을 통해 내가 울린 소리가 세상으로 뻗어 나간다는 건 근사한 일이었다. 스님께서 어린 녀석이 기운도 좋다며 다음에도 절에 오거든 종을 맡으라고 하셨다. 얼마나 흥분했는지 모른다. 주말 오후, 때론 밤을 꼬박 새우고 새벽 예불에 맞춰 어둑한 산길을 더듬어 절을 향하기도 했다.

아무도 모르게 아침을 밝히고 세상 사람들을 깨우고 있다는 생각은 나에게 많은 용기와 기운을 주었다. 무엇보다 내 마음속에 깊이 숨겨 둔 염원 하나, 내가 울리는 종소리가 저 세상에 계시는 어머니에게 닿을지도 모른다는 간절함으로 치고 또 쳤다. 그리고 나는 종의 울림을 통해서 소리를 낸다는 것의 진정한 의미를 어렴풋이나마 배웠다.

태풍으로 어질러졌던 뜰이 보살핌의 손길들로 어느새 제 모습을 되찾고 있다. 옛 추억에 잠기며 종과 당목을 쓰다듬어 본다. 세상에도 수많은 당목과 종이 있다는 생각이 든다. 큰 산을 울릴 수 있는 종이 있을 수도 있고, 사랑하는 단 한 사람의 삶을 진정으로 울릴 수 있는 작지만 소중한 종이 될 수도 있다. 중요한 건 종과 당목과 같은 아름다운 인연의 고리가 있어야 할 것이다. 나도 누군가에게, 더 나아가 세상의 당목이 되고 싶다. 내가 종이라면 더더욱 좋겠다.

지심도 연가

외로운 섬, 홀로 떠 있는 것 같으나 바다에 뿌리를 내리고 산다. 바다가 제 울타리다. 파도가 몸을 일으킨다. 바다와 섬이 서로를 당기고 밀며 끌어안았다 놓는다. 어쩌면 나와 당신도 서로에게 섬과 바다와 같은 존재가 아닐까. 나는 당신이라는 바다에 뿌리를 내렸는가. 사방이 갇힌 느낌은 아니었는지. 흔들리고 부딪치며 아파했던 건 아닌가.

지심도. 동백나무가 섬 전체에 빼곡히 채워져서 일명 동백섬이라고도 불린다. 겨울에서 봄이 오는 길목이면 섬은 피고 지는 동백꽃들로 허공도 땅도 온통 붉은 색으로 뒤덮인다. 하늘에서 내려다보면 섬의 모양이 '마음 심心 자'를 닮아 지심도只心島라 불리는 섬. 오로지 마음인 섬. 나는 왠지 지심도에 오면 겨우내 닫혀 있던 몸과 마음이 붉은 감탄사를 내지르며 열릴 것만 같은 기대를 하게 된다.

섬에 오른다. 고목들이 하늘을 가려서인지 동백숲은 어둡다. 지심도의 동백은 수령이 오래되어 키도 눈도 잘 닿지 않은 곳에 꽃을 피워 놓는다. 홑동백이라 겹동백처럼 호들갑스럽지 않다. 속마음을 함부로 들키지 않으려는 듯 짙고 두꺼운 잎사귀 뒤에 숨어 살짝 붉은 뺨을 내민다.

동백은 단박에 다 피지 않는다. 햇살 좋은 날을 기다리고 기다리다 동시에 피어나는 그런 순간의 절정기도 있지만, 꽃 한 송이가 며칠을 피었다가 지고 또 한 송이가 피고 지기를 반복한다. 제 속에 수많은 꽃송이를 품고 있다가 천천히 하나하나 끝끝내 피워 내는 것이다. 동백꽃 한 송이로 보면 짧은 것 같지만 동백나무 전체로 보면 꽃의 계절은 꽤나 길다. 지심도는 그렇게 붉게 물든다.

동백꽃들로 허공이 붉게 채워질 때도 좋지만 떨어진 꽃들로 길바닥이 붉게 물들 때가 더 장관이다. 꽃의 목숨이 뚝뚝 떨어져 온 바닥에 낭자한 것 같아 함부로 발걸음을 옮기지 못한다.

봄은 아직은 인색하다. 소금기가 묻은 바람 끝이 거칠고 맵다. 동백꽃의 조용한 절규가 가슴을 파고든다. 참으로 피기 어려운 계절에 개화하는 동백. 한 자리에 뿌리 박혀 꼼짝도 못하고 수많은 몸살을 앓았으리라. 말 못할 곡절을 품은 채 피고 지고 또 피고 지는 동백의 속내를 어찌 다 짐작하랴.

어디선가 동박새의 노랫소리가 들린다. 엄동설한 속에서도 끝내 꽃을 피웠건만 찾아 올 벌 나비가 없어 서럽다 못해 붉디붉은 동백꽃의 마음을 아는 듯 찾아온다는 동박새. 동백의 속살을 파고들며 꽃 피우게 한단다. 추운 계절에 그들이 맺는 시절 인연이 참으로 아름답다.

동백 숲에서 동박새의 노래를 듣고 서 있자니 나도 노래로 화답하고 싶어진다. 조선시대에 아름다운 정인들이 주고받았던 연가가 떠오른다. 고가신조古歌新調(옛 노래에 새로운 가락을 얹어서 부르는 것)의 운율에 얹어 불러 본다.

    북천이 맑디커늘 우장 없이 길을 나니
    산에는 눈이 오고 들에는 찬비로다.
    오늘은 찬비 맞았으니 얼어 잘까 하노라.

    어이 얼어 자리 무스일 얼어 자리.
    원앙침 비취금을 어데 두고 얼어 자리.
    오늘은 찬비 맞았으니 녹아 잘까 하노라.

고달픈 인생, 어느 누구도 인생의 일기예보를 알려주지 않았기에 아무 채비도 없이 길을 나서서 때론 눈 맞고 비에 젖는 인생이 아니던가. 정인은 찬비 맞는 심경이 어떤 건지 능히 알았을 것이다. 인연이기에 더 알아들었을 것이다. 그러기에 마음의 빗장을 열고 제 안으로 들여 치맛자락을 펼쳐 그를 덮어 주었을 것이다.

　한 사람의 인생 전체를 끌어안지 않는다면 어찌 진정한 사랑이라 할 수 있겠는가. 친구가 되고 연인이 되고 부부의 연을 맺는다는 건 이런 의미가 아니겠는가. 얼어 잘 이를 녹여 자게 하는 이. 그게 사랑일 것이다.

　지심도의 봄은 동백꽃과 동박새의 사랑이 빚어낸 것이다. 추운 겨울에 피어나야 하는 숙명을 지닌 붉은 동백과, 겨울에 꽃을 찾아야 하는 동박새의 푸른 울음이 만나 피워 낸 귀한 봄이다.

　봄은 왔으나 또 갈 것이다. 짧은 봄을 어이 탓하며 가는 봄은 어찌 잡으랴. 피었다가 지는 것이 꽃뿐이겠는가. 인간의 목숨도 동백처럼 찰나에 떨어지기는 마찬가지. 피고 지며 머무는 그 사이에 무엇을 했느냐가 중요할 것이다. 열정적이었으나 놓아야 할 때는 미련 없이 통째로 떨어지는 동백. 동백의 사랑이 짧다고, 속절없다고 말하지 마라. 허무한 사랑이 아닌 무욕의 사랑이다.

　섬을 천천히 한 바퀴 돌아 선창가로 내려온다. 어느새 내 마음도 붉게 물들었다. 체온도 조금은 올라가 있는 것 같다. 돌아오는 배에 몸을 싣는다. 점점 멀어져가는 섬. 붉은 섬 지심도가 푸른 바다와 몸을 섞으며 저기 살고 있다. 그대 사랑을 품고 싶거든, 그 사랑이 식어버렸거든 지심도로 오라고 말하며….

화독 花毒

"가까이 코 묻지 마세요. 독창毒瘡 걸립니다."

꽃에 마음이 홀리는 것 또한 탐심일까. 적묵당寂默堂 석축 아래 핀 연분홍 꽃이 하도 예뻐, 한 발짝 다가가 코를 갖다 대는데, 스님께서 걱정스러운 눈빛으로 바라보신다.

"꽃분을 발라 예뻐 보이지만 치명적인 독을 품고 있을 수도 있습니다. 나도 한때 마음이 뺏기어 고생한 적이 있었지요."

외로워서일까. 동진 출가한 스님은 꽃을 무척이나 좋아하셨단다. 바람도 심심하여 꽃을 건드는데, 같이 뛰어놀 친구가 없는 스님은 꽃이 좋아 늘 그 주위를 뱅뱅 돌았단다.

"헛것을 쫓아다니면 네가 헛것이 된다. 얌전히 앉아 마음공부나 해라."

노스님은 늘 '마음, 마음' 하신다. 꽃의 실체는 뚜렷하고, 마음은 본 적 없는데. 꽃이 환하게 웃으며 자꾸 말 거는 것 같은데. 꽃 하고 있으면 마음이 보이는 것도 같은데, 스님은 대체 어떤 마음을 애기하시는 건가. 꽃향기에 취하는 그 순간의 멈춤은 또 어떤가. 깨달음이 있다면 그처럼 향기로울까.

꽃은 쉽게 자신을 내어주지는 않았다. 때론 손과 얼굴이 긁히고 찔렸다. 온몸이 가려워 밤새도록 긁으며 잠을 설치기도 했다. 그런 모습을 보고 노스님께서 꽃 근처에 가지 마라며 접근 금지령을 내리셨다.

외우라는 경전은 눈에 들어오지 않고, 그날따라 뻐꾸기 소리는 법당 안까지 날아 들어와 어찌나 마음을 심산하게 흔들어대는지. 꽃살문에 심어져 있던 꽃들도 햇살에 피어나 어른대며 몸을 에워쌌다. 노스님 몰래 빠져나와 꽃을 찾아 온종일 산중을 헤매었다. 저녁 범종 소리를 듣고서야 절간에 들어서는데, 갑자기 온몸에 식은땀이 흐르고 복통과 구토가 일어났다. 급기야는 의식까지 잃어 병원 응급실로 실려 가고 말았다. 원인은 독초 감염이었다. 다들 죽는 줄 알았단다. 그날 대소동이 있었던 이후로 노스님의 꽃 접근 금지 명령은 더욱 완고해지셨고, 스님 또한 스스로 거리를 두기 시작했단다.

내게도 가슴에 꽃을 달고 다가오는 존재들과의 만남이 있었다. 산다는 게 허무해서 내게 웃고 있는 듯한 꽃을 보는 순간 잠시 눈이 멀기도 했다. 그 꽃들이 없었다면 삶의 설렘도 열정도 없었을 것이며, 무감각하고 타성에 젖은 일상을 살았을지도 모른다. 힘겹고 지루한 삶에서, 내가 지금의 자신에서 벗어나는 순간을 꿈꿀 때 다가온 너는 꽃이었다.

평생 사랑이라는 화두를 품고 사는 것이 참삶이라고 생각했다. 너에게 이름을 붙이고 의미를 부여했다. 둘 데 없어 떠돌던 마음이 너에게 쏠리며, 정신적인 공복감도 너로 인해 채워졌다. 나보다 네가 더 가득한 것이 우정이고 사랑이라고 여겼다.

하지만 너는 어디까지나 내 마음밭에 핀 나의 꽃이었다. 나는 너를 온전한 존재로 받아들이지 않고 나의 소유물로 여겼다. 너를 사랑한다고 말했지만 내가 정작 사랑한 건 내 안의 너, 내 것인 너였다. 감춰진 이기와 욕망을 사랑이라는 이름으로 대신 부르며 너를, 스스로를 속였다. 꽃은 내가 나를 벗어나 또 다른 세계에 도달하고 싶었던 매개체였는지 모른다. 그 꽃은 밖에 있는 게 아니라 내 안에 있었는데.

꽃은 이 세상 모든 존재가 그러하듯 생존과의 싸움에서 힘겹게 자신을 지키고 피어나는 존재다. 어둠과 추위와 비바람과 땡볕과 맞서 독을 피우지 않으면 어찌 꽃을 피울 수 있겠는가. 뿌리에서 꽃으로의 긴 시간이 있어 마침내 피어나기에, 꽃의 밖은 환하나 안은 컴컴할 것이다. 어쩌면 꽃은 어둠이, 독이 피우는 건지도 모른다. 그래서 더 눈부신지도 모른다.

꽃의 존재 그 자체를 인정하고 사랑하였는가. 꽃의 이전과 이후를 생각해 보았는가. 제대로 돌보지 않을 것임에도 집착의 손을 뻗지는 않았는가. 사랑한다는 이유로 함부로 상처를 주지는 않았는가.

집착이 낳는 건 상처와 허무다. 가둔 향기는 눈에 보이지도 않으니 꽃의 향기에 갇히면 출구를 찾기 어렵다. 관계의 허덕임에서 벗어나지 못한다는 건 현실에서 윤회를 거듭하고 있다는 거다.

"저 꽃은 독성이 강합니다. 뽑을까도 했지만 아무리 독을 품은 꽃이라도 그 스스로는 존귀한 존재니 그럴 수가 없었지요. 꽃이 좋아 다가가고 싶은 걸 어찌 하겠는지요. 허나 꽃에 자신을 묻거나 함부로 꽃을 꺾어서는 안 됩니다. 그것이 탐욕이건 사랑이건 또한 무심코 한 것이든 자신이 행한 거에 대해서는 책임이 따릅니다. 속절없이 지는 꽃을 보고 있으면 아름다움 또한 덧없음을 알 수 있지요. 영원성을 부여하고 싶지만, 무상한 존재입니다. 만물이, 만법조차도 다 허상입니다. 꽃향기야 불어오는 바람결에 맡으면 되지요."

길을 찾는 사람들

다 누고 왔을까. 뭍을 떠나면 다 벗어나고 잊히리라 생각했을까. 내가 아는 섬은 그리움으로 갇히고 마는 곳인데, 사방이 그리움으로 출렁거려 몸살을 앓는 곳인데, 하필이면 왜 섬을 택했을까. 그녀를 섬에서 만났을 때 나는 지난 세월 속에 그녀가 겪었을 고통과 고독을 떠올렸다. 그리고 마음속으로 그것들로부터의 자유를 물었다.

그녀가 먼저 이름을 부르며 다가오지 않았다면 몰라봤을 것이다. 그녀는 예전에 즐겨 입던 흙먼지 묻은 편한 작업복 차림이 아닌 잿빛 승복을 입고 있었다. 햇볕에 그을려 까무잡잡하니 건강미 넘치던 피부와 달리, 인간사 붉은 핏기는 다 가신 듯 창백한 얼굴이었다. 마음뿐만 아니라 육신의 애착마저 버렸는지 애처로울

정도로 말라 있었다. 세찬 겨울바람이 금방이라도 그녀를 바다로 밀어붙일 것만 같았다. 가슴속에 서늘함이 물밀듯 밀려들었다. 그녀가 합장하며 다가오는데 다행히 맑은 눈동자와 따뜻한 미소는 예전의 그대로다.

그때도 겨울이었다. 길을 나섰다가 산길을 넘어오는데, 솟대와 장승들이 마당 가득 들어서 있는 집이 눈에 들어왔다. 입구엔 '길찾사'란 허름한 나무 간판이 붙어 있었다. 실내에 들어서니 화롯가에 한 여인이 남자의 긴 머리카락을 묶고 있었는데, 금방 감았는지 아직 물기가 남아 있었다. 반기며 일어서는데 어스름 저녁빛을 등에 진 실루엣이 인상적이었다. 그는 팔 한쪽이 없었다. 다리도 기울기가 달랐다. 시장기가 느껴져 시래깃국을 주문했다. 직접 기른 배추로 끓인 시래깃국과 묵은 김치에서 잃어버린 고향 집 맛이 났다. 난로에서 갓 구워낸 고구마와 커피를 내어놓는데, 참으로 정스러웠다. 해는 지고 인적은 끊기고 사람이 그리웠는지 모른다. 처음 만났지만 우린 서로의 외로움을 읽을 수 있었다. 그리고 다가갔다.

그는 화가이자 작곡가며 건축가였다. 어릴 적, 바닷가에서 놀다가 장난감인 줄 알고 건드린 폭탄에 왼쪽 팔과 다리를 잃어버렸다. 9남매나 되는 가난한 집안, 그는 왼쪽 팔다리로 스스로 땅을 짚고 일어서야만 했다. 그의 삶은 고통과 좌절과 비애의 연속이었지만 처절한 운명으로부터 도망가지도, 자신과의 싸움에서도 결코 물러나지 않았다. 그런 그에게 음악은 유일한 위로였다. 독학으로 작곡을 공부했고, 레코드사의 전속 작곡가가 되기에 이른다. 유명 가수들에게 곡도 주고 독집 앨범을 내기도 했지만, 그 바닥의 제도적인 모순에 환멸을 느껴 음악 세계를 떠나고 만다. 의족을 한 채로 한 손으로 트럼펫을 불어가며, 장애인 돕기 기금 마련을 위해, 걸어서 부산에서 서울까지 45일간의 대장정을 마친 일화는 유명하다. 한 사람의 고통은 곧 그 시대의 아픔이라며, 장애인에게 물질이 아닌 진정한 관심을 가져 달라고 온몸으로 호소하였다.

그러던 그에게 인생에서 가장 아름다운 순간이 찾아온다. 잃어버린 한쪽 팔이 되어줄 인생의 동반자가 나타난 것이다. 해운대 백사장에서 긴 머리카락을 날리며 트럼펫을 불고 있는 모습을 보고 한 여인이 영화처럼 다가간다. 그때 그녀는 자선 봉사단체에서 활동하고 있었고 전각 기술을 지니고 있었다. 그가 화가의 길에 접어들었을 때라 그들의 만남은 너무나 이상적이었다.

그때부터 그들은 합심하여 나무에 새로운 생명을 불어넣기 시작한다. 남편이 밑그림을 그리고 아내가 깎고 파내며 장승을 만들었다. 생명이 있는 것은 어떤 것도 함부로 다루지 않았다. 나무를 작업장으로 들여놓을 때면 나무의 영혼을 위해 기도하는 의식을 치렀다. 한번은 주문 날짜가 촉박하여 제를 올리지 않고 손을 대었는데, 그녀가 나무에 도끼를 내리 찍는 순간 갑자기 눈에 빛이 번쩍하더란다. 눈동자에 이물질이 들어가거나 상처를 입은 것도 아닌데, 그 뒤로 시력이 급격히 나빠졌다고 한다. 나무든 풀꽃이든 생명을 지닌 것은 어떤 것도 함부로 대해서는 안 된다는 것을 깨달았다고 한다. 하물며 사람이야 더 말할 것이 있겠는가. 마음을 합쳐 성심을 다해 만든 작품들이 입소문이 나기 시작했고, 부부가 만든 장승과 솟대와 옹기는 초대되어 전시회가 열리기도 했다.

그들과 공유한 시간이 많았다. 바라보는 시각도 마음의 색깔도 비슷하여 대화가 잘 통했다. 그의 음악 친구들과 밤새도록 놀기도 하였다. 그가 손수 지은 흙집에서 잠을 청하기도 하였다. 세상은 변하고 있었지만, 그들은 자연을 닮은 모습으로, 그 길목을 지나는 길손들에게 정을 나누며 살고 있었다.

내가 이사를 하면서, 길도 멀어지고 발걸음도 뜸해졌다. 그러던 어느 날, 그가 혼자 운전하고 가다가 교통사고로 세상을 떠나고 말았고, 혼자 남은 그녀도 어디론가 떠나버려 행방을 알 수 없다는 소식을 들었다. 그렇게 세월이 흘러갔다. 그런 그녀를 섬에서 만난 것이다.

그녀가 거처하는 곳은 바다가 잘 보이는 풍광이 아름다운 곳이었다. 절터로 마련해 놓았지만, 아직 법당은 짓지 않았고 자그마한 토굴에서 다른 도반과 생활하고 있었다. 지나온 세월에 대한 얘기며, 오랜만에 회포를 풀고 있는 중에 그녀가 화장실을 몇 번이나 들락거렸다. 애써 아무렇지도 않은 듯한 표정을 지었지만, 얼굴은 창백하고 가누기 힘들 정도로 몸이 기진해 있었다. 아침에 먹은 게 체한 것 같다고 말했지만, 예삿일이 아님이 분명했다. 그녀가 자리를 뜬 사이에, 그녀는 중병으로 투병중이라며 도반이 귀띔해 주었다. 공기 좋고 물 좋은 이곳에서 자연치유를 위해 노력 중인데, 너무 힘들어 한단다.

그녀가 숨겨 놓은 바다가 있다며 구경시켜 준다고 나가자고 했다. 절터 아래로 쭉 내려가니 해안선이 짧은 작은 바다지만 큰 바다를 향하고 있었다. 하늘과 맞닿은 바다를 보며 나란히 앉았다.

"짧은 기간 안에 부처님 제자가 되었지요. 스님들께서 열심히 한다고 칭찬해 주었답니다."

그녀의 성품으로 보아 용맹정진하였음이 분명하다. 아픈 기억을 잊기 위해 모든 걸 던져 수행에 몰두했을 것이다. 상심을 겪은 육체라 건강하지 않았을 터인데, 그럴수록 약해지지 않으려 더 자신을 모질게 대했을 것이다.

"고통과 싸우려 했던 게 어리석었지요. 붙들고 놓는 것의 경계가 따로 있는 것이 아니었는데. 인생이 참 무상하네요. 삶과 죽음이 말은 다르지만 같은 것인데…. 요즘은 무아를 체득하고 있습니다."

바다를 하염없이 바라보는 그녀의 옆모습에 그들이 살던 옛집 마당에 우뚝 서 있던 솟대가 보인다. 땅의 염원을 하늘에 잇고 싶은 마음이 세운 송신탑이 솟대라지. 장대 끝에 앉아 있는 고요한 새 한 마리, 금방이라도 하늘로 날아갈 것만 같다. 바람이 너무 세차다.

그녀와 헤어지고 반년쯤 지났을까. 다시 그 섬을 찾았을 때 그녀는 그곳에 없었다. 돌아오지 못할 먼 길을 홀로 떠난 것이다.

우리는 길 위에 산다. 풍경도 사람도 길 위에서 만난다. 길 위에 집을 짓고 살다가 길 위에서 사라진다. 마음속에 난 애틋한 인연의 길도 이승의 길 끝에서는 덧없이 지워진다.

마을 어귀나 산모퉁이에 수호신처럼 장승이 서 있다. 팔도 다리도 없지만 둘이 함께 풍상을 겪으며, 길을 찾는 사람들에게 이정표가 되어 준다. 길을 가다가 장승을 만나면 물어보고 싶다. 내가 지금 서 있는 곳이 길의 어디쯤인지. 어디로 얼마만큼 더 가야 하는지. 혹시 길 밖의 길을 걸어간 자들을 보았는지.

불이 不二

 수십 개의 작은 꽃들이 모여 하나가 된 꽃, 부처님의 곱슬한 머리 모양을 닮았다 하여 이름 붙여진 불두화佛頭花가 절 마당 곳곳에 만발해 있다. 중생을 향한 마음이 얼마나 지극하셨으면 저리 꽃의 모습으로 나투셨나. 수많은 꽃송이에 만법이 들어 있어 일렁이는 바람에 한 줄기 시원한 법문이라도 들려올 듯하다.
 "땅과 물과 불과 바람, 그리고 인연이 빚어낸 것이지요."
 스님께서 차를 준비하시는 동안 뜰을 노닐던 마음이 제자리로 돌아온다. 지리산에 사는 도반이 손수 만들어 보내 준 햇차며, 정갈한 다구에 연둣빛 풀잎을 고이 담으신다. 끓인 약수를 다구에 부어 손바닥으로 감싸안으시며 "너무 뜨겁지도 차갑지도 않은 적당한 온도라야 합니다."라고 한다.

둘러앉은 사람들의 찻잔에 처음과 나중 것이 골고루 섞이도록 나누어 부으신다.

"차 맛이 어떤가요?"

맑다느니 달다느니 쓰다느니 향이 좋다느니, 차는 같은데 각양각색 느끼는 맛과 향이 다르다. 내 혀는 무감한 건지 무심한 건지 딱히 뭐라고 표현하기 어렵다. 답변할 적당한 단어를 찾아 헤매고 있는데, 숲속에서 새 한 마리 소리하며 방 안으로 날아든다. 스님께서 잘 들어 보라신다.

"새가 뭐라고 하는 것 같나요?"

새 소리가 특이하다. 2음절도 3음절도 아닌 4음절의 운율을 지녔다. 사람들은 새소리를 일러 노래한다고도 하고 운다고도 하는데, 새에게도 마음이 있다는 말일 게다. 독특한 음색에 유심함이 느껴진다. 무어라 하는지 궁금하지만, 새의 말을 알아들을 수 있는 귀가 내게 없음이 아쉽다. 스님께서 사람들의 표정을 살피시더니, 검은등뻐꾸기 일명 '홀딱벗고새'에 얽힌 얘기를 해주신다.

옛날에 지독히 공부도 안 하고 게으름을 피우는 스님이 있었는데, 죽은 후에 환생하여 새가 되었단다. 금생에는 어리석음과 잡념을 벗고 열심히 공부하여 해탈하리라 발원하였는데, 그 새가 울 때마다 '홀딱벗고 홀딱벗고'라고 했단다. 그 소리는 듣는 사람에 따라, 같은 이라도 심중에 따라 수시로 다르게 들려, 홀딱벗고새가 찾아오는 계절이 오면 스님들 사이에선 자신이 들은 소리를 재미 삼아 서로 주장하기도 한단다. '홀딱벗고 홀딱벗고' '이 무엇고 이 무엇고' '잠만 오고 잠만 오고' '배고프고 배고프고' '헛헛헛헛 허허허허허'…. 장난기 많은 한 도반은 다들 공부는 안 하고 쓸데없이 새소리를 붙들고 있다고 새가 '지랄하네 지랄하네' 한다 하여 한바탕 웃음을 자아내기도 했단다.

어디서 들어봄직한 일화지만, 좌중의 긴장이 풀린다. '지랄하네 지랄하네'를 어찌나 실감나게 하시는지 곳곳에서 웃음이 새어 나온다. 틀을 깨는, 파격이 느껴지는 음절에 가슴 한편이 시원하기도 하다. 홀딱벗고새는 제가 주인공이 된 걸 아는 양 떠나지 않고 계속 소리하고 있다. 내 혀와 귀는 왜 이리 둔하고 어두운지, 차맛도 새소리도 제대로 알아채기가 어렵다. 다들 홀딱벗고새에게 화두라도 받은 듯 다시 소리를 붙든다.

"그냥 차나 드세요. 일미一味 일성一聲이랍니다."

한 맛, 한 소리라는데 분별심에 사로잡혀 있었다. 분별은 어렵다. 분별은 하기도 어렵거니와, 분별을 놓아버리기는 더더욱 어렵다.

"만법귀일萬法歸一. 만법은 하나로 돌아갑니다. 너와 나, 우리도 결국 하나입니다."

하나라는 말이 의미 있게 다가온다. 너와 내가 다른 줄 알지만 하나란다. 잘못된 분별은 경계를 만들고 차별 짓고 관계를 분리하며 서로를 멀어지게 한다. 방 안에 함께 자리한 사람들의 얼굴을 바라본다. 닮았다. 우리가 서로 다르지 않다는 것은 얼마나 큰 위안인가.

다탁 위에 놓인 찻잔의 맑은 고요를 본다. 저 찻잔은 차 맛을 제대로 알고 있겠지. 찻잔의 묘용妙用은 비어 있음, 공空에서 나온다. 비어 있기에 채울 수 있다. 크기는 작지만 차 한 잔을 담기엔 충분하다. 꼭 차만 담아야 하는 건 아닐 것이다. 차도 술도 꽃도 무엇이든 좋다. 찻잔은 모든 인연을 하나로 받아들인다. 차를 마신다. 일미일심一味一心. 방 안에 다향茶香과 선향禪香이 그윽하다.

일주문을 나선다. 들어 올 때와 나갈 때의 마음이 달라졌는가. 잠근 적이 없으니 연 적도 없는 문이다. 경계를 지어 놓은 것 같으나 연결되는 곳이다. 승과 속, 안과 밖, 이곳과 저곳, 너와 나의 분별이 없다. 본시 하나이니 일심으로 일주문에 들고나라 한다.

4부
독락당

봄을 훔치다

고생과 고행

마음속의 꽃

선생님 짜장면 사드릴게요

고요를 부르다

블루 크리스마스

스마일 배지

독락당

미소, 인도양의 진주

봄을 훔치다

 겨울은 극복의 대상이 아니다. 받아들임이 우선이다. 겨울의 한복판을 지나는 건 누구에게나 춥고 힘든 일이다. 봄의 전령사 매화에게서 투쟁의 모습은 찾아볼 수 없다. 서슬 푸른 기운을 품었으나 고요하면서도 고운 자태를 지녔다. 봄이 오는 것도 꽃이 피는 것도 저 혼자 저절로 되는 것이 아니라는 것을 알기에 요란하고 교만한 얼굴을 짓지 않는다. 고아함과 은은한 향취는 어디서 나오는지. 나는 매화 앞에 서면 나를 살피게 된다.
 탐매여행을 떠났다. 이번엔 아예 가까이 두려고 섬진강 매화마을에서 청매와 홍매 두 그루를 데려왔다. 키는 작지만 고운 꽃송이들을 달고 자신의 존재를 꽃 빛으로 드러내고 있다. 화분에 담아 집 안에서 키울까 하다가 학원 입구 화단에 나란히 심었다. 드나드는 아이들에게 봄을 배우게 하고, 오가는 사람들에게 춘심을 전하고 싶었다. 다정한 모습이 오누이 같기도 연인 같기도 하다.

아침나절 시작된 비가 종일을 그칠 줄 모르더니 밤새도록 추적추적 내린다. 봄 가뭄을 걱정하던 터에 내린 반가운 봄비인데 얄궂게 느껴지는 건 무슨 심사인가. 어둠 속에서 비를 맞고 서 있을 어린 매화들 생각에 좀처럼 잠이 오지 않는다. 아직 매화도 흙도 서로를 꽉 붙들지 못하고 헐거운데. 자꾸 밀려드는 알 수 없는 이 불안감은 뭘까. 마음을 주니 근심이 따라온다.

뒤척이다 늦게 잠이 들었는데, 눈부신 아침 햇살이 나를 깨운다. 매화에게 달려갔다. 땅이 푹 패여 구멍이 나 있다. 홍매가 사라지고 없다. 내 가슴에도 텅 빈 구멍 하나가 패이고 만다. 몸과 마음이 자꾸 두리번거린다. 슬픔과 분노가 동시에 밀려든다. 진정이 되지 않는다. 홍매 빈자리에 말뚝을 박고, 날 선 말로 꽃 도둑의 가슴을 찔러야겠다고 머릿속에서 문장을 완성해 나간다. 그를 향한 것이었는데, 내 가슴이 먼저 찔리며 아프다.

홀로 남은 청매가 쓸쓸하고 측은해 보인다. 제 고향에 살도록 그대로 두었으면 더 좋았을 것을. 미안하다, 제대로 지켜주지 못해서. 집 앞 놀이터에 새하얀 등을 달고 있는 목련이 나를 쳐다보며 말 거는 것 같다. 동백꽃 그늘 아래 제비꽃은 더 할 말이 있다는 눈치다.

"다 봤다."고, "그 마음 다 안다."고.

1년 전 이맘때, 아이들이 오늘만은 틀에 박힌 공부에서 기필코 벗어나겠다는 기세로 단체로 작당을 하고 나섰다. 예전 봄처럼 매화를 보러 가자고 성화다. 땡땡이를 치고 싶은 녀석들의 속셈을 눈치챘지만, 근처 야산에 있는 매화 소식이 나도 궁금하였던지라 못 이기는 척 따라나섰다.

"봄처녀 제 오시네. 새 풀 옷을 입으셨네…."

그동안 배웠던 봄노래들을 부르며 폴짝대며 앞장선다. 봄이 또 다른 봄을 찾아 나서며 즐거워한다. 내겐 봄보다 더 봄 같은 아이들이다.

상기된 표정으로 매화 곁으로 다가가는 아이들의 환하고 볼그레한 얼굴이 꽃을 닮았다. 우리 매화에게 인사하자. 매화 옆에 졸졸이 함께 선다. 푸른 산과 흐르는 물처럼 만고상청萬古常靑하며 살자는 이황 선생님의 시조 '청산은'을 옛 곡조에 얹어 함께 부른다. 맑은 소리가 골짝에 울려 퍼진다. 아이들이 나비처럼 이 꽃 저 꽃 옮겨 다니며 새처럼 재잘거린다. 어디서 나타났는지 할머니 한 분이 꽃 따지 말라며 고함지르신다. 꽃송이에 손을 뻗던 아이들이 놀라 멈칫한다. 기세가 잠시 꺾이는 듯하더니, 덩치 큰 녀석들이 빠른 동작으로 매화를 따서 호주머니에 집어넣는다. 키 작은 아이들은 땅에 떨어진 꽃을 줍는다. 맨 뒤에 따라가며 나도 슬쩍슬쩍 한다. 봄을 훔치고 싶은 마음을 어찌 말릴까.

봄이 오는 길목엔 매화만 피어 있는 게 아니었다. 붉은 동백꽃도 마음을 사로잡았다. 키 작은 야생화들도 수줍은 듯 피어 있었다. 내가 다들 앉아 보라며 제비꽃을 손가락으로 가리키고는 "조그마한 게 너무 예쁘고 훌륭하지 않니?" 하였더니, 민서가 그 작은 몸짓에 반해버렸는지 그만 뿌리째 뽑고 말았다.

"우짤낀대?"

여자아이들이 책임질 수 있냐며 눈초리를 흘기며 달려든다. 너석이 무안해한다.

"와 내가 잘 살게 하면 될 거 아이가."

유혹을 끝내 떨치지 못하겠던지 결국은 제비꽃을 들고 와 학원 입구 화단의 동백나무 옆에 심어 놓았다.

교실로 돌아와 아이들 앞에 찻잔을 하나씩 내어놓으며, 내가 챙겨 온 매화 봉오리들을 잔에 담아 따뜻한 물을 부어 주었다. 입을 꼭 다물고 있던 매화가 서서히 꽃 몸을 연다. 그 모습에 모두 흥분되어 아이들이 소리 지르고 난리가 났다. 찻잔을 코에 대고 향기에 취한 듯 안색이 볼그레한 아이, 작은 입술을 찻잔에 대고 맛을 깊이 음미하는 듯 심각한 표정을 짓는 아이, 다들 매향에 단단히 취한 기색이다.

시 한 수씩 적어 보자고 주문했다. 오감이 열리고 감성이 충만해졌는지 별말 없이 따른다. 다들 시심이 가득 찬 모양이다.

길이 애매모호해서 이리 오르고 저리 오르며 서로 손잡아 주고 뛰어내렸던 장면을 생각했는지 '길이 없는 데 길을 만들면서'라는

지 '매화를 보러 갔는데 다른 꽃들이 내 마음을 훔쳐갔다'와 제비꽃을 업어 왔던 민서의 〈꽃 슬쩍〉이란 시가 탄생했다.

꽃 슬쩍
또 슬쩍
(……)
계속
계속
슬쩍하게 되는
봄의 유혹

하얀 종이 위에 자작시를 옮기고 매화꽃이며 동백꽃 야생화들을 붙여 깜짝 시화전을 열었다. 그동안 갈고 닦은 노래며 피아노도 연수하니 작은 음악회를 겸했다. 어린 한량들과 함께한 참으로 아름답고 눈부신 봄날이었다.

봄바람에 매향이 코에 스친다. 청매가 말없이 홀로 서 있다. 제 빛을 하나도 잃지 않은 모습이다. 자연도 그 무엇도 누구의 것이 아니라고 말하는 것 같다. 내 것이라고 생각했던 마음을 내려놓는다. 이 세상에 나 자신 외에 내 것이라고 주장할 수 있는 것이 무엇이 있겠는가. 나 또한 나의 주인이냐고 묻는다면 어떤 답을 할 수 있겠나. 나도 몸을 빌려 잠시 머물다 가는 목숨인 것을.

하늘을 올려다본다. 비 갠 뒤 봄 햇살이 눈부시다. 이 봄은 나만의 것이 아니다. 홍매는 어디에서라도 꽃다울 것이다. 봄아, 어느 땅 누구의 가슴에서라도 봄답게 피려무나.

계절이 바뀌었고 그해 겨울을 맞았다. 해마다 맞는 겨울인데도 어쩜 그리 익숙해지지 않는지. 날 선 추위에 살이 에이는 듯하다. 낯선 땅에서 홀로 겨울을 맞는 청매에게 나는 자꾸 마음이 쓰였다. 청매가 머무는 곳이 햇빛이 종일 잘 노는 자리여서 그나마 다행이다. 어느 날 그 곁을 지나는데 언뜻 꽃향기가 스치는 것 같았다. 혹시나 하며 살펴보았더니 청매가 씩씩하게 꽃을 피우고 있었다. 열매를 원하면 백매, 자색이 뛰어나기론 홍매, 향이 빼어나기론 청매가 으뜸이라더니. 어찌나 반갑고 고마운지.

그 모습을 담아 친지들에게도 단체 카톡방에도 전했다. 모두 이른 봄소식에 설레며 기쁨으로 반겼다. 신문사를 운영하는 문우는 대한민국에서 가장 먼저 온 봄의 전령사라며 기사로 올렸다. 머잖아 사방에서 희망의 봄을 알리는 춘신이 이어질 것이다. 봄이 가까이 오고 있다.

고생과 고행

뭔가 잔뜩 불만에 찬 표정이다. 피로에 지쳤는지 만사가 귀찮다는 모습이다. 녀석의 심상찮은 분위기가 자주 눈에 들어온다. 다혈질인 데다 사춘기라서 그런가 싶어 스스로 제자리를 찾아가도록 기다려 볼 참이었는데 비슷한 주기가 반복되고 있다. 부정적인 방향으로 굳어 버리기 전에 다가가야겠다고 판단했다.

엄마가 계모같이 느껴진다는 얘기, 전에도 비슷한 표현을 한 것 같은데 이번엔 진짜란다. 사연을 들어보니 이른 아침이면 저를 깨워 108배를 시킨다는 것이다. 이유는 잘 모르겠단다. 늦잠 자는 버릇도 고치고 살을 빼라고 하는 것 같단다. 엄마가 힘들어 하면서도 저를 위해 함께 절을 하고 있어 빠져나갈 수도 없단다.

유난히 눈이 큰 딸아이의 손을 잡고 들어오던 맑은 얼굴을 지닌 엄마와의 첫 만남이 떠오른다. 우리 교육은 무지 고생시킨다고 했더니, 제대로 고생시켜서 제발 인간 만들어 달라고 하던 엄마. 외동인 데다 기질이 강하여 자신의 역량만으론 감당이 잘 안 된다며 함께 키워 주십사 했다.

너석은 언어의 구사력도 좋고 상황판단이 빠르며 적응력이 뛰어났다. 허나 영혼이 자유로웠기에 틀을 싫어하였다. 공부에는 기본이 있는데 원칙을 따르지 않고 제 식으로 하기를 좋아해 여러 군데 허점을 만들어 놓는 경우가 허다했다.

음악이 지닌 본질적인 아름다움과 부드러움, 박자와 운율과 템포의 정확성, 문학과 철학이 담긴 옛 시를 호흡에 실어 음미하며 부르는 느린 정가는 너석의 기질과 성정을 조금씩 변화시켜 나갔다. 특단으로 펜글씨 공책을 안겨 또박또박 정성을 다하는 태도를 훈련시키기도 했다. 아이들은 찰흙과 같은 존재라 어떻게 만드느냐에 따라 모양이 달라진다. 순수해서 진심이 서로 통하면 힘들어도 감내하고 받아들인다. 너석의 몸과 마음의 키가 조금씩 건강하게 자라는 것을 보면서 즐거움과 보람을 느꼈다.

아이들을 다 불러놓고 '고행'이라는 단어를 던져 주었다. 세상 사람들은 당연하거니와 인간의 몸을 빌려 난 신들도, 수많은 위인도 고생의 과정을 겪지 않은 이가 없다. 신이나 위인들에겐 고생 대신 고행이란 표현을 붙이는데 그 이유가 무엇인지 알아보자고 했다. 자신이 존경하고 있거나 관심이 가는 인물이 있다면 그가 겪은 고행에 대해 찾아오라고 했다.

교회에 다니는 아이는 예수님의 고행을, 성당 다니는 한 아이는 신부님께 여쭤서 자료를 정리해 가져왔다. 부모님이 절에 다니는 그 녀석은 부처님의 생애가 담긴 만화책을 구해 왔다. 과학에 관심이 많은 아이는 아인슈타인과 에디슨에 대해 알아 왔다. 이순신 장군님을 존경한다는 아이, 헬렌 켈러의 시련과 극복의 삶을 찾아온 아이도 있었다.

아이들을 이해시키기 위해 두 단어를 나란히 써 놓고 비교하여 보기로 했다.

고생: 수동적 부정석 소극적 이기적
고행: 능동적 긍정적 적극적 이타적

하기 싫다고 부정적으로 생각하며 억지로 끌려가는 심정으로 하면 고생이 되는 것. 어차피 해야 할 거라면 긍정적인 마음으로 능동적 적극적으로 하는 것이 현명하다. 중요한 것은 나 자신만을 위해서만 행동하는 이기적인 사람이 아니라, 다른 사람과 세상을 위해 '이타적으로 실행할 때 고행이라고 이름 붙일 자격이 있는 것이 아니겠는가. 제 밥그릇만 챙기는 사람이 되지 말고 다른 사람의 것도 챙겨 줄 수 있는 사람이 되자. 자신만을 위해서 노력하면 제 밥그릇 하나도 채우기가 힘들지만, 세상을 품으면 노력도 능력도 무한하게 솟아난다. 정치 경제 문학 너희가 지금 열심히 배우고 있는 음악, 어떤 분야든 간에 자신이 선택한 분야에서 최선을 다하여 얻은 결과물로, 자신만의 방법과 색깔로 세상과 나눌 수 있는 사람이 되자.

고행, 꼭 위대한 이들에게만 붙일 수 있는 용어일까. 우리 주변에는 어떤 고행이 있을까 생각해 보자. 가장 가까이에는 부모님이 너희들을 위해 기꺼이 고행하고 계시는 게 아닐까 했더니 "선생님도요."라며 받아 주었다.

힘들긴 마찬가진데 마음을 어떻게 먹느냐에 따라 고생이 될 수도 있고 근사한 고행이 될 수 있다.

"그럼 우리 고생하는 게 좋을까? 고행하는 게 좋을까?"

아이들의 눈동자가 빛난다. 끌려가는 심정으로 108배를 하던 녀석은 숨은 뜻을 헤아렸는지 진지하면서도 밝은 표정을 띠고 있었다. 녀석은 점차 활기를 찾아가며 여유로워지는 모습을 보이기 시작했다. 그 녀석, 이 세상에서 제가 제일 좋아하고 잘하는 게 음악인 것 같다며 열심히 노력하더니 몇 년 뒤 서울 국립국악고등학교에 들어갔다.

늦은 밤 가끔 수화기 너머에서 "선생님." 하고 부르는 녀석의 목소리가 들린다. 일가친척 하나 없는 서울 바닥에서 자신과의 외롭고 힘든 싸움을 하며 스스로를 지키고 개척하느라 얼마나 힘들까 생각하니 안쓰러움에 가슴이 떨린다.

"고생 많제."

사는 것이 팍팍함을 위로하는 것도 있지만 열심히 살고 있다고 믿는다는 뜻이다. 요즘은 전화 오면 피로가 묻은 조금은 깔깔한 목소리로 "바쁘고 힘들어요."라고 한다. 활기찬 대학 생활을 하며 제 색깔대로 열심히 뛰고 있다는 생각이 든다.

인생의 앞길에는 장애물이 늘 버티고 있다. 앞으로 나아가려면 극복할 수밖에 없다. 나는 아이들을 어릴 때부터 고생과 친하게 지내도록 해 주어야 한다고 생각한다. 고생의 얼굴을 빨리 알아보고 결국 그것은 자기 자신과의 싸움이라는 것을 깨달아야 할 것이다. 순탄한 삶도 좋지만, 고생이야말로 삶의 원동력이며, 인생의 감춰진 또 다른 맛을 알게 해 주었다고 말할 수 있는 사람이 되었으면 한다. 세월이 흘러 어른이 되었을 때는 이미 고생이니 고행이니 그런 분별마저도 넘어 묵묵히 자신의 삶을 받아들여 최선을 다하는 삶이길 바란다. 누군가 고생하고 있는 이가 있다면, 그의 손을 잡아 미소를 건네며 격려해 주는 그런 사람이면 좋겠다.

"고생할래? 우리 고행하자!"

마음속의 꽃

 가을 하늘과 햇살이 참으로 청명하다. 열린 창문으로 맑은 바람이 들어와 부드럽게 공간을 감싼다. 어디선가 꽃향기가 바람에 묻어오는 듯하다. 아이들과 함께 반가부좌를 하고 눈을 감는다. 호흡을 고르고 가사를 음미하며 천천히 시조창을 읊는다.

 찬 서리 내리는 가을날 서릿발이 심한 속에서도 굴하지 아니하고 외롭게 피어나는 국화를 보며, 선비의 절개를 그려낸 이정보의 시 '국화야'를 아이들과 함께 뜻을 헤아려 보고 노래하는 시간을 가졌다. 따뜻한 바람이 부는 봄날 많은 꽃들은 다투어 계절을 노래하며 피지만, 때를 기다려 조용히 자리를 지키고 인내하며, 마침내 아름다운 꽃을 피워내는 국화의 오상고절. 우리의 삶도 국화의 것과 닮지 않았을까, 함께 살펴보기로 하였다.

아이들이 생각하는 서릿발은 무엇일까. 자신의 게으름과 생활 습관, 문방구의 유혹, 친구들과의 경쟁 등 다양한 얘기가 오갔는데 가장 강력한 서릿발은 놀랍게도 컴퓨터 게임, 텔레비전, 스마트 폰 같은 것들이라고 입을 모았다. 아이들은 그런 유혹의 시련에서 분별해서 잘 이겨내야 한다고, 어리지만 마음의 방향을 제법 지혜롭게 찾아내는 것이었다.

이정보에게 국화는 그냥 꽃이 아닌 마음의 의미였으니, 자신에게도 마음속에 꽃이 있나 살펴보고, 그 꽃을 그려 오라고 주문하였다. 아이들의 마음속에 가장 많이 피어 있는 꽃은 해바라기였다. 그러고 보니 아이들이 활짝 웃는 웃음이 해바라기를 닮았다는 생각이 든다. 이어 무궁화, 백일홍, 장미, 수국, 은초롱꽃, 네잎클로버순이었다. 사과 꽃을 그려 온 아이가 있었다. 사과를 무척 좋아하는 제 속내를 알고 웃었더니 생각하는 사과나무가 되고 싶다나. 꽃에 대한 많은 얘기가 오갔다. 우리 동네 거제도의 동백 얘기도 나왔고, 매화 난초 대나무 등 사군자의 성정에 대해서도 함께 공부하였다. 연꽃의 덕목에 대해서도 설명해 주었다. 그림을 제출하지 않은 나의 꽃이 궁금한지 묻는다.

"선생님은요?"

내 가슴속을 곰곰 들여다보는 듯하더니, 초등학생은 국화, 중학생은 매화라며 의견이 갈라져 분분하다. 내 꽃을 가지고 서로 목소리를 높인다. 진정시켜야겠다고 생각하던 차에 남자아이 하나가 묘한 웃음을 띠며 끼어든다.

"할미꽃!"

"너!"

내가 주먹을 쥐며 너석을 쳐다보자 아이들이 모두 까르르 웃는다.

얼마 전 제자의 결혼식에 초대를 받았다. 어릴 적 그 아이를 안으면 볼에 닿는 머리카락의 감촉이 바람에 날리는 민들레 씨앗의 깃털 마냥 부드러웠다. 뼈대는 가늘어 약해 보였지만 참으로 강한 아이였다. 축하 카드 속에 저를 닮은 민들레의 포공구덕蒲公九德에 대한 글귀며, 이 담에 민들레 같았던 저를 닮은 아이를 낳았으면 좋겠다고 써넣어 주었더니 무척 좋아하였다.

나는 우리 마음속에도 꽃과 나무 같은 것이 존재하고 있다는 생각한다. 어떤 사람을 만나면 향기가 느껴지는데 그 때문이 아닌가 싶다. 동질감응. 우리가 사물을 보고 감응한다는 건 자신의 속에 그와 비슷한 동질의 존재가 있다는 것이 아닐까. 꽃을 보고 아름답다고 하는 것은 내 속의 꽃을 닮은 것이 반응하는 것일 거다. 내 속에 아름답고 진실한 존재가 있다는 걸 안다는 건 기쁜 일이다. 그것을 닮고 싶고 하나가 되고 싶다는 건 삶의 또 다른 의미가 될 것이다. 꽃도 사람도 누군가가 제 이름을 불러주고 쳐다봐 주었을 때 자신의 존재가치를 느끼며 그 보살핌 속에 더 환하게 피어나는 것이리라. 무엇보다 사랑의 물을 필요로 하며 그 물이 없으면 시들어버릴 것이다. 내 속의 꽃과 네 속의 꽃이 서로 다르지 않다는 것. 세상이 온통 꽃밭이라면 얼마나 눈부실까.

"자, 눈 감고, 천천히 호흡을 고르고, 자신의 꽃을 생각하자."

아이들이 진지한 표정으로 노래 부른다. 언젠가는 제 마음속에 꽃 한 송이 피워 보겠다는 마음으로.

"국화야…"

선생님 짜장면 사드릴게요

해마다 명절이면 장난기가 발동한다.
"너 이번에 세뱃돈 얼마 받았니? 짜장면 한 그릇 사라."
아이들의 눈빛이 순간 흔들린다. 평소에 다소곳이 말 잘 듣던 녀석들도 이 상황에선 안면을 바꾼다. 이미 저금했다는 둥, 엄마한테 맡겼다는 둥 가지가지 이유를 내놓는다. 그중에 엄마를 빙자하는 것이 일 순위다.
"엄마한테는 세뱃돈 맡기면 안 된다. 네가 대학가고 결혼할 때 다 돌려준다지만 절대로 못 받는다. 그 말 믿지 마라."
아무리 생각해도 괘씸하다. 인간 만들겠다고 녀석들의 머리와 가슴속을 얼마나 힘들게 헤매고 다니는데, 장난삼아 해 본 소린데, 비정한 모습들을 보니 이거 아니다 싶어 이대로 물러설 수가 없다. 개인적으로 하나하나 다시 접근했다. 너석들은 묘하게 빠져나간다. 시간이 흐를수록 좌절과 오기가 동시에 일어났다. 얼마 남지 않은 아이들. 드디어 한 놈이 걸려들었다. 바짝 마른 몸매에 작은 얼굴엔 잠자리 눈동자 같은 큰 안경을 낀 초등학교 일 학년 종훈이. 협박과 호소가 동시에 담긴 선생님의 강력한 눈빛을 뿌리칠 수가 없었는지 약간은 들어가는 목소리로 "짜장면 사 드릴게요."라고 한다. 네가 우리 체면을 살려주는구나. 다음 날 짜장면 파티를 하기로 우리는 굳게 약속하였다.

너석이 현관문을 활짝 열고 흥분한 목소리로 선생님을 외치며 들어오는데 양 볼이 상기되어 빨갛다. 뛰어왔는지 손에 꼭 쥐어진 꼬깃꼬깃 보관해 두었던 낡고 때 묻은 천 원짜리 지폐들이 땀에 절어 있었다. 이왕 먹는 김에 탕수육도 시키자고 했다. 돈 없다고 펄쩍 뛴다.

"빌려줄게."

난감한 표정이다. 하지만 이미 전세는 우리에게 기울어져 있었다. 맛있었다. 너석도 짜장면 먹을 준비를 단단히 해서 배를 비워 두었는지 무척 맛있게 먹었다. 다 먹고 난 뒤에 세배를 하라고 했다. 얌전히 일어나 귀엽게 절한다. 이제 우리가 나설 차례다. 짜장면 값으로 낸 돈에 세뱃돈이라며 웃돈을 얹어 손에 쥐어 주었더니 눈이 휘둥그레지더니 입이 쫘악 벌어졌다.

선생님은 기술도 좋으시다고 종훈이 할아버지 할머니가 탄복

하셨단다. 너석의 호주머니에 돈이 한번 들어갔다 하면 좀체 나오지를 않아 집안에서 지독한 구두쇠로 소문나 있단다. 어쨌든 우여곡절 끝에 너무나 맛있는 짜장면을 먹었다. 행복했다.

아이들에게 음악 공부는 왜 하냐고 물으면 대부분의 대답은 엄마가 시켜서, 피아노를 잘 치고 싶어서, 노래를 잘 부르고 싶어서, 점수 잘 받으려고, 라며 대답한다. 그때마다 음악 공부는, 아니 모든 공부는 '참된 사람이 되기 위해서'라고 뜻을 알든 모르든 가슴에 베이도록 심어 준다. 기능만 키우고 점수만 높이며 감사할 줄도 배려할 줄도 모르는 사람으로 키운다면 위험한 교육이 아닐까. 물질 앞에서 흔들리는 아이들을 보며 그 마음을 시험해 보고 싶었는데, 그나마 종훈이가 아쉬움을 달래 주었다.

몇 해 전 문화회관에서 연주를 한 적이 있었는데, 공연이 끝나고 무대 뒤로 종훈이 엄마 아빠가 찾아왔다. 거리에 붙은 포스터에 선생님 얼굴이 보여 너무나 반가웠다고, 종훈이는 군복무 중에 있는데, 너무 궁금해 하며 꼭 찾아가 인사드리라고 했다며 꽃다발을 들고 와 축하해 주셨다. 종훈이의 귀여운 잠자리 눈알 안경이 눈앞에 선하게 떠올랐다.

가끔씩 오래 전 아이들이 찾아온다. 군에서 휴가 받았다고 거수경례와 함께 충성을 외치며 나타나기도 하고, 공부 열심히 해서 장학금 받았다고 손에 음료수를 들고 오기도 한다. 진로 이야기. 첫 사랑 첫 키스 이야기, 결혼 청첩장을 들고 오기도 한다.

예전엔 우리가 많은 애기를 들려 주었었는데, 지금은 너석들이 세상 돌아가는 애기며 재미난 애기로 우리를 위문한다. 때론 성공해서 찾아오고 싶었는데 보고 싶어서 참을 수 없어 그냥 왔다며 불쑥 나타나기도 한다.

"선생님이 생각하는 너희들의 성공은 건강하고 행복하게 자신의 삶을 사는 거란다. 이렇게 찾아 와 네 얼굴만 보여줘도 우린 행복하단다. 고맙다."

고요를 부르다

"청조靑鳥야 오도고야 반갑다 임의 소식…."
 제자가 소리 선물을 한다. 청아한 목소리에 예쁜 새 한 마리 푸른 날갯짓하며 허공 속에 고운 선을 긋는다. 옛시에 곡조를 얹어 부르고 있다. 노래하며 시를 소리로 풀고 있으나, 저만의 소리로 시를 다시 쓰고 있다는 표현이 더 어울릴 것이다. 아이가 지닌 맑은 기운이 내게 전해온다. 차분하고 긴 호흡이 담긴 노래여서일까. 나의 호흡도 마음의 템포도 느려지며 편안해진다. 노래를 끝낸 제자의 얼굴이 말가니 평온하다.
 "무얼 느꼈니?"
 노래를 부르는 동안 주변의 소음들이 끊이지 않았다. 바로 옆 연습실에선 피아노와 노랫소리가 흘러나왔고, 사내아이 하나는 오랜만에 온 선배 누나가 궁금하여 들락거리기도 했다. 집중하여 편안하게 부를 수 있도록 미리 주변을 정리해 주지 못한 것이 아쉽고 미안했다. 다행히도 제자는 별 동요 없이 중심을 잡아나갔다. 반쯤 감긴 아이의 실눈을 보며 나도 눈을 감았다. 밖으로 향하던 시선이 안으로 들어가 자리 잡는다. 곡이 흐를수록 자신의 속으로 깊이 들어가 흔들리지 않았기에 나도 그 음악 속으로 점점 빠져들어 갈 수 있었다.

"제 소리가 들렸습니다."

"내공이 쌓였구나. 고요 속에 있었던 게야."

혼자서 서울이라는 도시에서 건강을 잃지 않고 지낸 것만도 고마운데, 희망했던 대학교에 입학하게 되어 더할 나위 없이 기쁘다고 부모님이 말한다. 선생님이 늘 지켜 주고 격려해 준 덕분이라며 인사한다.

"음악이 지켜 주었지요. 어질고 이로운 음악이 자신을 스스로 지키고 격려하도록 도와주었지요."

우린 늘 흔들리며 산다. 흔들림을 받아들일 수밖에 없다. 어린 제자도 객지에서 저 혼자 수많은 흔들림과 고통을 겪었을 것이다. 그 흔들림이 밖에서든 안에서 비롯되었든 중심이 없으면 전체가 흔들리고 만다. 늦은 밤 수화기 넘어 들리던 아이의 힘없는 목소리가 나를 아프게 하곤 했다.

길을 잃은 느낌이었다. 세상에 길은 많았지만 정작 나다운 길은 보이지 않았다. 내 안에 그 길이 있을 터인데, 밖으로 사람 속으로 길을 찾아 헤매었다. 거리의 불빛은 밝았으나 나는 어두웠다. 사람들의 물결에 휩쓸리고 싶었지만 혼자 거꾸로 걸으며 부딪히는 기분이었다. 행여 그 길에서마저 벗어날까 봐 나는 고개를 곧추세우며 고독의 이름을 불렀다. 고독이라도 없다면 내가 흩어질 것 같았다. 나는 고독으로 나를 팽팽하게 당겼다. 그러나 고독은 완전하지 않았다. 내겐 방황도 고독도 아픔이긴 마찬가지였다.

그때 소음과 매연에 찌든 거리를 헤치고 들려온 노래 한 줄기. 레코드 가게에서 고 김월하 선생의 시조창이 흘러나오고 있었다. 고요하면서도 평화로운 그러면서도 당당함이 느껴지는 기운 있는 소리였다. 번잡했던 주변이 온몸에 쏟아지는 소리의 폭포로 갑자기 사라졌다. 폭포 속에 서 있는 느낌이 들었다. 그리고 소리의 폭포가 일순간 멈추며 사방이 고요해졌다. 폭포 한가운데는 고요가 있었다. 고요 속에 홀로 우뚝 선 느낌. 그 고요의 느낌과 함께 내 속에 정가正歌가 자리 잡기 시작했다.

숨의 노래. 평소에도 혼자 있을 때면 노래를 즐기지만, 천천히 온 숨으로 부르기는 처음이었다. 목숨은 숨을 쉬는 것이다. 나는 깊은 숨을 느끼기 시작했다. 호흡과 함께 내 안의 중심에서 나오는 소리를 들으며 나는 나와 친해지기 시작했다.

표현한다는 건 얼마나 가슴 시원한 일인가. 그냥 내뱉는 소리가 아니라 속의 말을 천천히 풀어내다 보니 무겁던 내가 어느새 가벼워져 있었다. 마음속의 들끓는 소란도 잠재울 수 있다는 것을 알게 되었다. 외로움도 내가 나를 듣고 있기에 괜찮았다.

처음엔 느려서 힘들었지만, 시간이 지날수록 느림이 더 편하고 좋았다. 느린 것은 거짓이 없다. 정직한 음악. 천천히 드러나기에 잘 들리고 잘 보인다. 마음이 불안하면 호흡도 짧아지고 소리도 불안하다. 때론 야속한 이가 노래 위에 앉는다. 감정선이 고르지 못해 소리가 흔들린다. 내가 들킨다. 즐거우면 소리도 덩달아 즐겁다. 이 모든 것을 들려주는 이도 듣는 이도 지켜보는 이도 자신이다. 선조들이 이 노래를 가까이 두고 수신의 도구로 삼은 이유를 알겠다. 나는 소리를 하며 나를 관觀하고 나를 다스리는 시간을 가진다.

아름다운 시에 마음을 얹어 노래하는 것도 즐거움이다. 소리의 붓으로 천천히 그림을 그린다. 무형의 붓이 그리는 그림은 사라지기에 더 아름답다. 하늘이 열리고 구름이 흘러가고 새가 날고 꽃이 핀다. 소리로 풍경을 부르고 풍경에 내가 앉는다. 나는 노래하며 내 속의 고요와 천지간의 고요를 불러낸다. 고요와 함께 논다.

정가는 고요히 흐르는 강물을 닮았다. 강심江心을 바닥에 두고 수면 위의 모든 것을 담담히 받아들인다. 변화도 있고 흔들림도 있지만 고요한 곡조가 끝내는 무심함에 이르게 한다. 나도 흘러가고 너도 흘러가고 무심하게 가다 보면 함께 화엄의 바다에 이르지 않을까.

블루 크리스마스

"청소년 여러분 밤이 깊었습니다. 사랑하는 부모형제가 기다리는 집으로 돌아갑시다."

나는 세상을 향해 사랑하는 가족이 기다리는 집으로 돌아가라고 외치고 있었다. 하지만 정작 내겐 나를 기다리는 부모형제가 있는 돌아갈 집이 없었다. 고등학교 1학년 시절에 맞는 크리스마스이브였다.

읍내 거리는 성탄절 기분에 들뜬 사람들로 부산했다. 나는 경찰차에 앉아 마이크를 잡고 고향 마을을 돌며 청소년 선도 가두방송을 하고 있었다. 그때 나는 어디에도 속하지 못한 삶이었다. 바람막이조차 하나 없이 길거리에 홀로 서 있는 심경이었다. 어머니 돌아가시고 두 번째 맞는 겨울이었다.

나를 실은 경찰차는 읍내 중심가를 한 바퀴 돌고는 긴 다리를 건넜다. 영하의 추위에 얼음장 아래 강물은 시퍼런 몸을 뒤척이며 어디론가 흐르고 있었다. 어둠 속 깊이를 알 수 없는 강바닥에 나는 부딪치며 쩌엉쩡 소리를 내고 있었다. 강물은 대체 어디로 흘러가고 있는가. 나는 앞으로 어디로 가야 한다는 말인가.

경찰차에 실린 나는 마치 투명인간이 되어 차창 밖으로 떠다니는 기분이었다. 차가 어릴 적 내가 살던 동네로 접어들었다. 내가 뛰어놀던 공설 운동장을 지나자, 식구가 많은 친구 영희가 살던 농약 집, 키 큰 디오아저씨네 양복점, 우리 집 옆 반찬가게. 자동차 헤드라이트가 우리 집에 불을 밝힌다. 양장점 윈도우 안에 불빛이 환하게 들어온다.

오늘은 크리스마스 이브. 어머니는 재단 가위를 손에서 놓으셨다. 언니들이 돌리던 재봉틀도 멈추었다. 식구들이 모두 모여 마치 무대를 향하듯 앉아 있고, 문이 활짝 열린 큰방에 내가 서 있다. 어린 내가 무용학원에서 배운 춤을 추고, 노래를 부른다. 오빠가 아코디언을 켜기도 하고 하모니카를 분다. 연방 터져 나오는 박수 소리와 행복한 웃음소리가 유리문을 뚫고 밖에까지 흘러나온다. 사랑하는 사람들과 함께 있다는 것만으로도 충분히 행복한 밤이었다. 동네 사람들은 우리 집은 늘 웃음소리가 끊이지 않는다며 부러워했다.

갑자기 어둠 속으로 집도 가족들도 사라져버린다. 자동차 불빛

4부 독락당

이 우리가 살던 집의 불을 꺼버렸다. 차는 옛집을 지나가는데 나는 아직도 빠져나오지 못하고 머물고 있다. 그리워 자꾸 뒤돌아본다. 이제 그 집엔 내가 알고 있던, 사랑하던 사람은 아무도 없다. 나는 밤늦도록 경찰차에 앉아 가족이 기다리는 집으로 어서 돌아가라고 외치고 또 외치며 고향 바닥을 헤매었다.

가두방송을 끝내고 내가 가정교사로 있던 집으로 돌아왔다. 내가 가르치는 초등학교 4학년과 6학년 동생들도, 내가 학교 가는 것이 부러워 집안일을 돌보며 검정고시를 준비하며 내게 도움을 청하던 또래 순이도 이미 깊은 잠에 빠져 있었다. 그날 밤 혼자 구석에 쪼그리고 앉은 채 하얗게 밤을 지새우며 블루 크리스마스를 보냈다.

새벽녘이 되자 창밖에 눈이 내리기 시작했다. 거리로 나가 강을 향해 달렸다. 강도 들판도 어릴 적 뛰어놀던 소나무밭도 온 세상이 하얗다. 하늘을 향해 누웠다. 어머니는 하늘나라에 계실까. 하늘에서 떨어지는 눈이 내 몸을 덮어 주었다. 나도 세상도 온통 하얗다. 세상이 동색의 한 이불을 덮고 있다는 생각이 위안으로 다가왔다. 하늘을 향해 외쳤다.

"어무이, 어무이…."

그대로 영원히 잠들고 싶었다.

성년이 된 어느 크리스마스 날, 내가 속해 있던 '늘사랑'이란 모임에서 고아원을 방문했다. 멋진 연주는 아니지만, 아마추어 기타리스트도 동반하였다. 산타클로스 할아버지 대신 학용품이며 양말이며 작은 선물들을 아이들의 손에 쥐어 주었다. 함께 게임도 하고 율동과 노래도 하며 즐거운 시간을 보냈다. 아이들도 평소에 준비해 두었는지 춤과 노래로 감사의 뜻을 표했다. 아이들의 행복한 표정은 우리에게 참으로 귀한 선물이었다. 그곳에서 보모로 근무하는 후배가 고마워하며, "언니는 절에 다니지 않으셨나요?"라고 했다. 그 고아원은 기독교 후원이었다.

"부처님은 꽃 피는 봄날에 태어나셔서 모든 존재가 스스로 존귀함을 일깨워 주시고, 예수님께서는 이렇게 추울 때 서로 따뜻하게 챙겨 주며 사랑과 희망을 나누라고 이 계절에 오신 것 같아."

그 방문을 기회로 그해 겨울방학 동안 나는 고아원을 드나들며 중학생들에게 영어를 가르쳤다. 작은 힘이나마 아이들이 자신감을 키우고, 무엇보다 사랑받는 존재라는 걸 느끼게 해주고 싶었다. 내가 사는 곳에서 고아원까지는 다리를 세 개나 건너야 했다. 접경 구역에 있는 시골이라 읍내에서 분리되어 마지막 다리 하나는 버스가 자주 다니지 않아 시간을 맞추기가 어려워 아예 걸어서 다녔다. 고아원은 강을 따라 긴 둑을 한참을 걸어가야 있었다. 강바람은 몹시 차가웠지만 가슴속으로 들어와서는 나를 맑게 해주고 나갔다.

아이들은 자신들을 챙겨 주는 내가 신기하고 고마웠던지 눈을 반짝이며 잘 따랐다. 공부가 끝나면 후배가 남자아이에게 자전거를 태워 다리를 건너게 해 주었다. 괜찮다고 극구 사양했지만, 자신도 사랑을 줄 수 있다는, 사랑은 받는 것보다 주는 것이 더 행복하다는 것을 배우게 해달라고 했다. 자전거 뒤에 앉아 옆구리에 손을 집어넣고 아이를 꼬옥 감쌌다. 아이가 온몸으로 겨울바람을 막아 주었다. 등에 얼굴을 기댔다. 낡은 점퍼였지만 따뜻하고 부드러웠다.

아이도 나도 살아 있는 동안 수많은 겨울을 맞아야 한다. 겨울이 있으면 봄도 또한 오는 법. 겨울 앞에 움츠러들지도 피하지도 않아야 할 것이다. 햇살에 강물이 눈부시게 빛나고 있었다. 강둑길을 따라 봄이 다가올 것이다.

크리스마스가 오고 있다. 많은 이들이 메리 크리스마스를 외치고 있을 때 누군가는 한구석에서 블루 크리스마스를 보내고 있을 것이다. 올 크리스마스엔 눈이 많이 내렸으면 좋겠다. 흰 눈이 온 세상에 골고루 뿌려져, 하늘도 땅도 너도 나도 세상 사람 모두가 동색의 옷을 입고 함께 크리스마스를 보냈으면 좋겠다.

스마일 배지

얼마 만에 찾은 고향인가. 숨을 깊이 들이마신다. 가슴 깊숙이 고향을 마시고 싶어서이다. 온 숨을 쉰다. 때론 살면서 반 숨만 쉬고 산다는 생각이 들 때가 많았다. 그럴 때마다 고향이 생각났다. 오고 싶었다. 고향에 오면 가장 행복하고 순수한 자신으로 돌아올 수 있을 것 같았기 때문이다.

고향은 많이 변해 있었다. 길과 집들은 낯설게 느껴졌다. 거리에 많은 사람이 지나가지만 모두 낯설다. 미처 알아보지 못하고 지나치는 건 아닐까. 이방인이 된 기분이다. 누군가 내 이름을 부른다. 한 집에 세 들어 살던 언니다. 반가워하며 서로 손을 잡았다. 그동안 서로 살아온 얘기며 지나간 추억 어린 많은 이야기를 나누는데, 언니가 어머니 살아 계실 때 내가 입고 있던 빨간 월남치마 애기를 꺼냈다.

"어무이! 어무이에!"

어머니 돌아가시던 날, 어린 내가 단발머리 팔랑이며 울며불며 사방으로 뛰어다니는데, 내 빨간 월남치마 호주머니에 노란 스마일 배지가 매달려, 달랑달랑 마치 웃음소리라도 낼 듯 흔들렸단다. 나는 우는데 멋도 모르고 계속 웃고 있는 스마일 배지 때문에 사람들이 더 많이 울었다고 한다. 언니는 가슴에서 그 모습이 내내 지워지지 않았다며 눈물을 글썽였다.

내가 유난히 좋아했던 빨간 월남치마와 노란 스마일 배지. 시집 간 우리 언니는 다리가 유난히 야위어서 바지나 긴 치마를 즐겨 입었다. 혼기를 앞두고 언니가 입고 있던 월남치마가 부러웠던 작은 가시내는 어머니를 졸랐다. 양장점을 하셨던 어머니는 치맛단 끝과 작은 호주머니에 예쁜 레이스가 달린 빨간 월남치마를 손수 만들어 주셨다. 얼마나 좋아했던지 학교 갔다가 집에만 오면 그 옷으로 갈아입고 까불대었다. 그리고 그 작은 호주머니에 늘 지니고 다니던 스마일 배지를 달아 놓았다.

초등학교 6학년 시절 친구들이랑 일명 '스마일 클럽'을 조직했다. 당시 전국적으로 스마일 운동이 펼쳐졌고, 웃는 얼굴이 도안된 스마일 배지 달기가 유행이었다. 우리는 노란 스마일 배지를 마치 훈장처럼 가슴에 달고 다녔다. 만나면 재잘거리며 늘 웃으려고 노력했다. 그리고 스스로 웃기를 넘어 주변도 함께 웃기를 바랐다. 일요일 새벽이면 우리 클럽은 빗자루를 들고 사명대사 동상 앞에 모여 청소도 했다. 회원이라야 고작 다섯 명뿐이었지만, 뜻은 제법 크게 품어서 때론 용돈을 아껴 동상 앞에 꽃을 갖다 놓기도 하였다.

중학교에 들어와서도 그 스마일 배지를 교복 윗옷 아랫단이나 가방 줄에 늘 챙겨 달고 다녔다. 어머니께서 돌아가시어 하얀 상복으로 갈아입은 이후로 빨간 월남치마도 노란 스마일 배지도 내 기억 속에서 까마득히 사라져 버렸다.

참 많이도 울었다. 누가 들을세라 이불을 뒤집어쓰고 울고, 늦은 밤 당신 보내드린 컴컴한 강물을 내려다보며 다리 위에서 울고, 겨울밤 마지막 기차가 떠나간 역에 우두커니 서서 아무리 기다려도 오지 않는 사람 생각하며 울고 또 울었다.

울음의 끝에 무엇이 있다고 생각했을까. 울음을 다 쏟아내고 나면 슬픔도 사라진다고 생각했을까. 웃음이 너무나 그리워서 더 서러워 울었던 게 아니었을까. 혼자 있을 때면 '외로워도 슬퍼도 나는 안 울어 참고 참고 또 참지 울긴 왜 울어…. 나 혼자 있으면 어쩐지 쓸쓸해지지만 그럴 땐 얘기를 나누자 거울 속의 나하고….' 만화영화 〈캔디〉 주제곡의 가사를 내 맘같이 열심히 불렀다. 웃음이 그리웠다. 나도 남들처럼 웃고 싶었다.

고등학교 시절 가까운 사찰 법당 문을 열고 들어서는데, 거기 서늘한 기운 속에 누군가가 앉아 있었다. 조용히 미소 띤 얼굴로 말없이 앉아 있는 돌부처님이었다. 눈물이 흘러내렸다. 알 수 없는 편안함에 흘러나오는 눈물이었다. 그날 스님께 첫 법문을 들었다. 사람은 누구라도 생로병사의 과정을 피해가지 못하며 인생이란 백팔번뇌의 연속이란 사실을 긍정적으로 받아들여야 한다고 하셨다. 나는 나 혼자만 슬픔과 고통을 안고 있는 줄 알았는데, 여태 '엄살 부렸구나.' 하는 생각이 들었다. 어떤 날은 미소로, 어떤 날은 걱정스런 눈빛으로 보시는 듯한 부처님께서는 '지금 네가 보는 것은 네 마음이 그렇게 보는 것이다. 네 안을 깊이 살펴보라.'고 하시는 것 같았다. 나는 나를 무겁게 누르고 있던 마음의 상처를 하나둘 내려놓기 시작했다. 무엇보다 나약하고 어리석은 나를 내려놓으려 노력했다.

세월이 참 많이도 흘렀다. 살면서 눈물 흘린 일이 어찌 한두 번이었으랴. 그래도 성장기에 겪었던 내 존재의 전체나 다름없었던 어머니와 이승에서 영원히 이별한 것보다 더 견디기 힘든 일은 없었다. 크고 작은 시련과 고통, 때론 사람에 대한 미움과 원망의 감정이 나를 힘들게 할 때마다, 이 세상 모든 것이, 우린 언젠가는 영원히 사라진다는 생각은 나를 그것들을 끌어안을 수 있게 해주었던 것 같다. 그리고 이젠 나도 어지간한 슬픔은 담담히 건너갈 수 있는 나이가 되었다.

다행히 내 삶에서 아이들을 만나 노래를 가르치고 함께 부르며 지낼 수 있었던 것은 얼마나 운 좋은 일인지 모른다. 나는 순수하게 웃는 법을 그들에게서 배웠다. 아이들의 웃음엔 조건도 계산도 없다. 그냥 웃는다. 아마도 녀석들의 가슴속엔 웃음 샘이 있는 모양이다. 나의 웃음 모델, 웃음 선생님은 아이들이다.

오랜만에 걷는 고향 강둑이다. 두 개의 긴 다리를 건너야 하던 통학길. 빠른 신작로를 두고 이 길이 좋아 일부러 지나다니며 혼자 노래를 부르곤 했다.

풀섶 사이에서 작은 야생화가 빼꼼 고개 내밀며 나를 반기는 듯 피어 있다. 올겨울은 유난히 추웠는데 제 속에 얼마나 많은 아픔을 품고 견뎌 왔으랴. 착하고 예쁘기도 하지. 어머니 품 같은 고향이 그리웠던 나를 향해 미소 지어 주는 것 같다. 나도 미소 띠운다. 때론 삶이 냉소할 때 우리가 쓸 수 있는 무기는 미소가 아닐까.

웃어야지. 가슴속에 스마일 배지를 잊지 않고 늘 달아 놓을 것이다. 웃을 것이다. 나는 스마일 클럽 회원이니까.

독락당

 외로움이 맑고 당당하면, 외로움도 청복淸福이 된다. 그 청복을 누려본 자는 스스로 외로움의 곁을 떠나지 아니한다. 이 집 주인도 청복을 누린 것이 분명하다. 혼자라는 표현은 얼마나 조심스러운가. 독락獨樂, 혼자서 즐거움을 독차지한다는 애기는 아닐 것이다. 혼자지만 그 즐거움이 얼마나 지고하였으면 독락당獨樂堂이라 이름 붙여 고하였겠나.

 독獨. 내가 한때 제일 버거워한 것이다. 혼자라는 자체를 가장 큰 불행의 모습이라고 생각했다. 어머니 돌아가시고 나는 혼자 전체에서 떨어져 나온 한 조각이 된 양 지독한 분리감에 시달렸다. 소속과 분리. 밖으로 나가 사람들 속에 소속되면 완전체가 될 줄 알았다. 섞여서 웃고 떠들고…. 그러나 헤어져 돌아올 때면 기대만큼 공허감은 커져갔다. 부질없는 관계의 소모였다. 내가 바르게 서지 않았으니, 세상을 수용하는 자세에도 문제가 있었던 것이다.

혼자 있는 시간이 필요했다. 어차피 인간은 혼자일 수밖에 없는 것을. 삶의 시작도 끝도 혼자가 아닌가. 혼자라는 사실을 받아들여야 한다. 무덤이라는 허망한 흔적도 하나 없이, 한 줌 뼛가루가 되어 강물에 흘러가 버린 어머니는, 이 생에 속지 말라고, 너 자신에게조차도 속지 말라고 하시는 것 같았다.

외부로 연결된 모든 문을 닫는다고, 내 정신을 뺏어가는 도둑이 들지 않는 것이 아니지만, 나는 허약했기에 내가 새 나가지 않도록 밖으로 향하는 문을 스스로 걸어 잠갔다. 나만 보였다. 나밖에 없으니 나와 가까워질 수밖에 없었다. 나 혼자만으로도 온전한 존재가 될 수 있어야 한다. 상대적인 내가 아닌 본연의 나를 찾아 바로 세워야 한다.

고독이 여전히 사방을 에워쌌다. 어쩌면 고독이 나를 깨어 있게 하는지도 모른다. 고독 때문에 때론 울지만, 고독에 당당해야 한다, 단 맑은 고독이어야 한다고 다짐했다. 어머니는 내가 힘들어할 때마다 예전처럼 내 곁에 서서, 안타까운 눈빛으로 나를 바라보시는 듯했다. "애야, 하늘이 다 보고 있단다."

하늘은 진리였다. 하늘을 알 수만 있다면야 얼마나 좋으랴. 그나마 수시로 올려다보며 하늘이 함께 있음을 확인할 수 있어 좋앉다.

　내가 선택한 세상과의 통로는 책이었다. 그 당시 손바닥만 한 크기의 문고판이 사람들의 사랑을 받고 있었는데, 가격은 삼백 원짜리였지만 그 가치는 헤아릴 수 없을 만큼 컸다. 가난한 자취생 살림에 벼르고 벼르던 책을 산 날은 마냥 배불렀다. 모아 두었던 지나간 달력에서 그림이 좋은 것을 골라, 책에 옷을 입히고 모서리가 닳을세라 테이프를 붙여 감쌌다. 책 속에서 수많은 세상과 사람들을 만났다. 나의 고뇌와 방황이 그들의 것과 비슷하다는 건 위안과 용기가 되었다. 그들은 나약하고 어리석은 자신에게 맞서며, 그 해답을 찾아내어 세상과 공유하고 있었다. 그들이 던진 수많은 질문과 발견과 답변을 통해 내가 무엇을 구하고 깨달아야 하는지 알 것 같았다. 직접 만날 수는 없지만, 수많은 철학자와 문학가와 성자들의 말이 선명하게 들려올 때면 가슴이 벅차, 문장에 밑줄을 그으며 그들을 따랐다. 행간에 들어 있는 그들의 인간적인 숨결이 느껴지면서, 나의 호흡도 편안해지기 시작했다.

　음악을 들었다. 사람이 그리운 내게 음악은 단지 소리를 넘어, 내 귀에 들리도록 말 걸어 주는 존재였다. 음악이 좋아, 아침에 눈을 뜨고 늦은 밤까지 때론 밤새 음악을 켜 놓고 잠들기도 했다. 음악이 하는 말이 좋아 자꾸 듣다 보니 따라 하게 되었다. 노래를 불렀다. 내 안에 닫히고 굳어 있던 것들이 조금씩 열리고 녹아 밖으로 나왔다. 무겁던 내가 가벼워지기 시작했다. 노래를 부르고 있으면 보이지 않으나, 보이고 들리는 세계가 있다는 걸 어렴풋이 체감한다. 나는 노래를 부르며 놀기를 좋아한다.

해 질 녘 사람들이 하나둘 빠져나가고 나면 나는 옥포루의 주인이 된다. 임진왜란의 첫 승첩을 기념하여 조성된 옥포대첩기념공원의 진짜 주인은 충무공과 병사들이지만, 그 시간이면 나도 주인이 된 기분에 빠진다. 오후 나절 공원을 찾으면 제일 먼저 장군의 영정 앞에 묵념을 올리고, 바다가 잘 보이는 나무 그늘 아래 벤치에 앉아 책을 읽으며 시간을 보낸다. 폐장 시간이 되어 인적이 끊어지면 옥포루에 홀로 서서 눈앞에 펼쳐진 푸른 바다를 보며 마음을 가다듬는다. 장군께 먼저 '한산섬'을 창으로 바친다. 이즈음은 계절이 좋아 '산천초목'이란 곡을 즐겨 부른다.

산천초목 속잎이 난다
구경 가기가 얼화 반갑도다
꽃은 꺾어 머리에 꽂고
잎은 따다가 얼화 입에 물어
날 오라 하네 날 오라 하네
산골 처녀가 얼화 날 오라 한다
(……)

내가 정가正歌를 하면서 체득한 것은 독락獨樂이다. 꽃도 혼자 피고, 새도 혼자 노래하는 것을, 달도 혼자 소리 없이 바다에서 떠오르는 것을. 나도 살아 있어 혼자 이렇게 노래한다. 세월의 강물이 흘러서일까. 형체에 집착하는 것도 이상을 좇는 것도 모두 허상이며 부질없다는 생각이 든다. 이젠 어떤 깨달음도 구하려 애씀이 없이 그냥 지금 이 순간을 살고 싶다. 외줄기 노래 소리가 사방에 울려 퍼진다. 나는 내 소리를 들으며 지금 내가 존재하고 있다는 것을 느낀다. 지나가던 바람도 이름 모를 새도 조화를 이룬다. 나도 자연과 하나가 되어 저녁 어스름에 녹아든다.

　독락당을 향한 솟을대문을 들어서는데 가슴이 설렌다. '진리의 근원이란 고요한 곳에서 찾을 것이다.'라고 설한 회재 이언적, 그는 퇴계 이황의 스승이다. 독락당은 회재 선생이 정치를 접고 낙향하여 지은 집의 당호다.

　나는 독락당이라는 당호를 붙인 연유가 내내 궁금했다. 아무리 괜찮은 척해도 사람에게서 오는 외로움은 어쩌지 못할 터인데, 어떻게 외로움을 싸매어 놓으셨나 하였더니, 독락당 담장에 작은 살창이 나 있는 게 아닌가. 외부로 향하는 시선을 차단하고자 세운 담장에 뚫어진 살창을 보는 순간, 선생의 인간적인 모습이 보여 미소가 나왔다. 궁금증인가. 안에서 밖으로 밖에서 안으로의 작은 숨통인가. 두고 왔으나 차마 근심스러운 세상을 잊지 못하여 이렇게라도 끝내 살피려 함인가. 독락당에 앉아 서책을 가까이 하며 살창으로 들어오는 바람 소리에 귀 기울이고, 흘러가는 물소리에 마음을 실어 보냈을 선생을 생각하며 나도 심중으로 살창을 들락거려 본다.

독락당 뒤쪽에 있는 별당인 계정溪亭으로 향한다. 그런데 독락당이라는 말이 무색하게 문을 나서지 않아도 안과 밖이 연결되도록, 푸른 자계천을 배경으로 완전히 열어젖혀 놓았다. 사방이 다 통하고 있다. 경계를 그어 놓은 것 같으나 경계가 없다.

다만 사람 없이 홀로 있음이 독獨이 아니다. 그의 '독'은 상대적인 단절이 아니었다. 존재의 당당함, 세상과 뜻이 맞지 않아 돌아앉은 줄 알지만, 고요와 한가함을 택했을 뿐이다. 안과 밖이 하나로 활짝 열려 연결된 세계. 그가 꿈꾸었던 세상은 이런 것이 아니었을까. 홀로 누리는 즐거움과 더불어 누리는 즐거움의 깊이와 넓이가 어찌 같겠는가. 그의 독락獨樂은 동락同樂을 향하고 있었다.

주인 없는 계정에 앉아 숨을 고른다. 계정의 두 칸 마루가 그리 넓어 보일 수가 없다. 아마도 회재 선생은 잠시 머물다 가는 이도 다 주인이라고 말했을 것이다. 선생이 보여주고자 한 것이 어찌 눈에 보이는 독락당만이겠는가. 어디든 언제든 허정虛靜한 마음이 있는 곳이면 펼칠 수 있는 무형의 독락당이 있음을 전하고 있는 게 아닐까. 건너편 숲과 자계천의 푸른 바람과 세심대洗心臺의 맑은 물소리가 계정 안으로 온전히 들어온다. 나는 선생의 숨결이 머물렀던 마루에 앉아 그의 제자 이황 선생의 '청산을'을 노래하며 동락同樂을 꿈꾼다.

미소, 인도양의 진주

 온몸으로 태양에 맞서는 저들의 힘은 어디서 비롯된 걸까. 북소리조차 뜨겁게 땅을 달군다. 어린 무희들이 대지의 열기에도 아랑곳없이 맨발로 춤을 추며 앞장서서 길을 열어 나간다. 가만히 서 있기만 해도 땀이 흐른다. 사방에 쏟아지는 햇살에 주눅 든 우리 일행에게, 하차한 곳에서 교문까지의 길은 한없이 멀어 보인다. 그들의 환대가 고마우면서도 부담스럽고 안쓰럽다.
 저만치 그늘이 나타난다. 나무가 베풀어 준 공간이 차지하는 의미가 크게 다가온다. 어서 저곳에 당도하고 싶은데 그늘의 면적은 모두를 품을 만큼 넓지 않다. 무희와 관객을 이등분하지 않고서는 불가능하다. 우선권은 먼저 저 땅을 밟는 무희들에게 있지만, 관객들은 내심 우대권을 기대하는 눈치다. 그늘 무대에서 춤이 펼쳐지고 땀을 뻘뻘 흘리며 감상하는 모습이 눈앞에 그려진다. 또한 반대의 그림이 떠오르기도 한다. 그런데 그냥 통과한다. 옥토를 발견하지 못한 건 아니겠지. 뒤따라 그늘에 당도하는 사람들의 속도가 점점 늦어지기 시작한다. 계속 늦추어진다. 무희들이 우리가 그늘 속에 들어서자 행진을 멈춘 것이다. 땀으로 얼룩진 얼굴에 미소를 머금으며 땡볕에서 한바탕 신명 나게 논다. 사람들의 박수갈채가 쏟아진다. 나를 넘어 당신을 위한 춤이다.

스리랑카에 한국어 학교를 세우고자 발원한 교육 정치 경제 종교 예술 등 다양한 계통의 사람들과 함께 학교를 방문하고 있다. 교문을 들어서니 학생들과 교사들이 두 갈래로 길을 만들어 반긴다. 작고 예쁘장한 아이들이 수줍어하며 다가온다. 두 손에 푸른 잎들을 여러 장 포개어 쥐고 합장하고는 발밑 땅바닥에 엎드려 절한다. 당신을 존경하고 사랑한다는 표현이란다. 아이를 얼른 일으켜 세우며 나도 합장하고 품에 안는다.

내가 내게 묻는다. '너도 그럴 수 있냐?'고. 아이가 그랬듯이 아이 앞에 엎드려 절할 수 있냐고. 아이가 내게 대해 준 건 자신들보다 더 부자 나라에서 온 손님이라서가 아닐 것이다. 인간 대 인간으로서의 순수함이다. 그래 나도 그럴 수 있다. 우리는 그냥 인간이라는 이유 하나만으로도 서로를 존경하고 사랑할 수 있다.

교문을 들어설 때 눈을 마주친 여자아이 하나가 있었다. 초등학교 이 학년쯤 되었을까. 머리를 양 갈래로 땋아 내리고 하얀 교복과 운동화를 신은 모습이 참으로 맑고 귀여웠다. 교무실에서 대담을 나누고 있는데 창문 너머 폴짝이는 머리 하나가 있다. 그 아이다. 눈이 마주쳐 손을 흔들어 주었더니 활짝 웃으며 더욱 폴짝거렸다. 교무실에서 나오는데 문 앞에서 다시 마주쳤다. 사랑스럽다. 스리랑카를 방문하기 전 혹시나 하여 준비해둔 예쁜 방울이 달린 고무줄을 가방에서 꺼내어 아이의 손에 꼭 쥐어 주었다.

학교의 환경은 열악했다. 교무실에 컴퓨터 한 대, 도서관에 꽂혀 있는 영어책은 두 권이 고작이었다. 벽에 붙은 'Knowledge is Power'란 글귀가 유난히 눈에 들어온다. 학교를 다 둘러보고 교문을 나서는데 그 아이가 또 나타났다. 구김살 없이 밝게 웃으며 "땡큐!"라고 하는 것이다. 손을 흔들어 준다. 작은 선물을 물질로 해석하고 받아들이지 않았으리라 믿는다. 네가 내게 마음을 보여 주었듯이 나도 너에게 마음을 건넨 거란다.

사람을 보는 눈을 잃어 가는 한국 아이들이 떠오른다. 사람을 비껴가 물질을 바라보는 데 빠져버린 아이들. 문명의 유혹에 시달리며 정신의 빈곤에 허덕이는 우리 아이들의 메마른 눈빛과 가슴이 떠오른다.

학교를 떠나오는 일행들 사이에 침묵이 흐르고 걸음이 무거워진다. 우리의 걸음걸이에 거드름은 묻어 있지나 않았는지 돌아봐진다. 그들의 손에 쥐어준 물건들이 얄팍함은 아니었는지. 진정 그들을 위한 행보였었나. 그럴듯한 명분 뒤에 감춰진 이기심이나 공명심의 베풂이 들어 있었던 건 아닌지. 그들의 순수함 앞에서 스스로에게 진정성을 묻고 있다.

많은 유적지와 아름다운 자연을 간직한 스리랑카가 진정으로 보여 주고자 하는 것은 사람이 아닌가 싶다. 사람끼리, 사람을 소중히 할 줄 아는 사람들. 눈빛만으로도 우리는 서로의 영혼을 만날 수 있으며, 인간적인 교감을 나누는 게 어떤 것인지 전해 주고 있다.

스리랑카에서는 매일 아침 집에서 불자들이 지켜야 할 오계를 암송하고, 아이들은 학교에 가면 자비경慈悲經을 암송한다. '내가 행복하기를 원하듯 이 세상 모든 존재도 함께 행복하기'를 기원하는 자애명상慈愛瞑想을 한다. 그리고 보름이면 여인네들은 흰옷으로 깨끗이 단장하고 절을 찾아간다.

공식적인 일정이 끝날 무렵 캔디라는 지역에 있는 불치사佛齒寺에 들르게 되었다. 부처님의 치아가 보관되어 있는 곳이다. 마침 보름이라 수많은 사람으로 북적였다.

어디라도 좋다. 신이 보이건 보이지 않건, 나무 밑이든 또는 담장 아래든 몸과 마음을 내려놓을 수 있는 곳이라면 그곳이 법당이다. 어떤 모습이어도 괜찮다. 손을 모으기도 하고 경전을 펼쳐 들기도 하며 더러는 구석에 누워 자유로운 모습으로 부처를 만나고 있다. 언제 어디에 어떤 모습이든 신은 존재한다고 믿고 있는 것이다. 스피커에서 법문이 흘러나오고 있다. 각자의 자리에서 나

름대로의 모습으로, 한곳으로 귀를 쫑긋 세우고 있는 모습들이 인상적이다. 그런 와중에도 마주치는 이에게 따뜻한 눈길을 잃지 않는다. 그가 어느 땅 어느 별에서 왔건, 어떤 신을 품고 있든 상관하지 않는 무애無碍 무상無償의 미소를 지어 보인다.

그들을 미소 짓게 하는 힘은 무엇인가. 스리랑카는 오랜 외세의 지배와 수많은 내전, 그리고 끊임없는 자연재해로부터 많은 시련과 생채기를 입었다. 수많은 고난 앞에서도 그들이 진정 지키고자 한 것은 천성이자 불성이 아니었는가 싶다. 어쩌면 미소야말로 그들이 추구하는 최상의 진리이자 수행법이 아닌가. 가난에도 불구하고 이 지상에서 행복지수가 높은 민족으로 꼽히는 것은 자신이 추구한 행복을 이웃과 함께하고자 하는 따뜻한 마음을 간직하고 있기 때문이리라.

사람들은 스리랑카의 지형이 떨어진 한 방울 눈물을 닮았다고 하여 '인도양의 눈물' 또는 '인도양의 진주'라고 말한다. 눈물인 섬. 하지만 그 눈물은 많은 아픔과 슬픔을 이겨내어 정화되고 승화하여 마침내 미소가 되었기에 은은히 빛나는 진주가 된 것이 아닐까. 우리네 삶도 눈물의 섬이라는 생각이 든다. 진주라는 귀한 보석을 품고 있는.

주변이 환하게 느껴진다. 행복감에 젖어 내가 나에게 미소 짓는다. 그리고 미소 띤 얼굴로 사람들 사이를 천천히 걷는다. 불치사 부처님께 연꽃 한 송이를 바친다. 부처님이 내게 흰 치아를 보이신다.

"들었느냐. 제대로 다 알아들었느냐."

살면서 평생 동안 마주칠 아름다운 미소를 나는 스리랑카에서 다 받은 게 아닌가 싶다. 내가 만났던 수천수만 개의 맑은 눈동자와 선량한 미소가 살아 있는 법문이 되어, 별처럼 반짝이며 내 가슴에 쏟아져 들어온다.

5부
세재世齋

난이와 나

삼영극장

남몰래 흘리는 눈물

장구가락 염불

시, 연행하다

은유, 그 히니 됨

허명虛名

잡雜과 나

세재世齋

난이와 나

꽃 피면 생각난단다. 꽃 지면 생각난단다. 바람 불어도 생각난단다. 강 건너 멀리 제가 자란 친정집이 보이는 곳에서 살고 있는 내 친구 난이. 종갓집에 시집올 때부터 정짓간 옆에 있던 매화나무와 모과나무가 꽃을 피울 때면 내게 춘신春信을 전한다. 옹이 진 매화나무가 혹독한 겨울을 견디며 새하얀 꽃을 피우고, 모과나무가 상처 입은 수피를 벗으며 수줍은 듯 분홍빛 꽃을 피운 모습을, 꽃으로 수놓아진 하늘을 바라보는 난이의 얼굴과 함께 그려보곤 한다.

고등학교 시절, 아침이면 책상 서랍 속에 들어 있곤 하던 난이의 편지. 어느 늦가을엔 찌그러진 오래된 양은 도시락 안에 '파란 하늘에 매달린 붉은 감이 마치 꽃 같더라.'는 편지와 함께 빨간 연

시가 들어 있었다. 반도시에서 자란 나에게 연시 도시락은 가슴 설레는 선물이었다. 익는다는 것은 얼마나 아름다운가. 뚜껑을 여는 순간, 마치 색깔 고운 정물화를 보는 기분이었다. 세월이 흐른 지금도 내 마음속에 소중한 한 점 그림으로 남아 있다.

 또박또박 쓰기가 좋았던 백지에 까만 줄이 그어진 일반 편지지, 달이 바뀌기를 손꼽아 기다리다가 마치 시화전을 하는 기분으로 썼던 그림이 멋진 달력, 부서질세라 조심조심 써야 했던 단풍이 곱게 물든 나뭇잎, 찬바람이 불면 문에 헌 문종이를 떼어내어 새로 바르고 남은 하얀 문종이. 우리가 나눈 손편지지는 다양했다. 새하얀 문종이에 잉크를 떨어뜨릴 때면 백설이 펼쳐진 세상에 발을 디디듯 설레었다. 수업시간에 선생님 몰래 살짝 전하던 쪽지는 또 어찌나 맛나던지. 나는 지금도 여행지 기념품점이나 문구점에 가면 엽서와 편지지 코너에서 서성거린다. 마음을 담아 보내고 싶은 누군가가 있다는 건 얼마나 행복한 일인가.

 난이가 나를 부르는 이름은 다양했다. 내가 중학교 때 지은 '파우破雨'라는 아호로 편지의 서두를 시작하기도 하고, 간밤에 신석정의 시 〈작은 짐승〉을 만난 날은 란으로, 이상화의 〈나의 침실로〉를 읽은 날은 마돈나라며 불렀다. 불교학생회에서 함께 수련했기에 사리자라고 부르기도 하였다. 사리자는 부처님의 십대 제자 중 지혜가 뛰어났던 제자다. 다문多聞과 암기에 뛰어난 아난존자를 따서 친구는 난이라고 불렀다.

그냥 난이가 좋았다. 이유가 무엇인지 따져 본 적 없다. 아마도 우리는 비슷한 슬픔을 지니고 있어 저절로 끌렸던 게 아닌가 싶다. 제가 태어날 때 돌아가신, 엄마 얼굴도 모르고 자란 난이는 할머니 손에서 컸다. 내 삶에서 손꼽을 수 있는 소중한 친구가 몇 있지만, 난이와는 슬픔의 성정이 비슷하여 인간적인 공감대가 더 깊었는지도 모른다.

우리는 발견의 기쁨을 함께 나누고 공감하는 친구였다. 청춘 시절 내가 《선사상禪思想》을 읽으며 빠져 있을 때, 미용 강사로 활동 중이던 난이는 《직장인》이라는 잡지를 보다가 좋은 내용이 있으면 접어 두었다가 내게 보여주었다. 우린 때론 시간 가는 줄도 모르고 밤새도록 얘기를 나누었나. 난이는 내가 참 많은 말을 해주었다고 한다. 허나 세월이 흘러 돌아보니 사실은 말은 제가 더 많이 했고, 나는 잘 들어준 사람이란다.

겉엣말은 누구에게나 할 수 있지만, 속엣말을 터놓을 수 있는 친구는 귀하다. 아무 선입감도 편견도 없이 들어주고, 어떤 이야기도 흠이 되지 않으며, 다른 곳에 뒷말을 흘리지 않는 친구. 있는 그대로의 모습을 인정하고 좋아해 주는 친구. 사람과 사람 사이는 진실과 신뢰로 대해야 한다는 것을 간직하게 된 것은 다 친구 덕이다. 지금도 내 맘 같은 줄 알고 사람을 쉽게 믿고 좋아해서 상처를 받기도 하지만, 여전히 나는 사람을 믿고 마음을 준다.

이제 내 고향엔 일가도 친척도 없다. 그래도 난이가 살고 있어서 여전히 내겐 찾아갈 수 있는 푸근한 고향이다. 난이는 직접 재배한 농작물로 만든 된장이며 간장이며 푸성귀를 챙겨주곤 한다. 봄날 장독을 열면 검은 간장물이 그리 맑아 보일 수가 없단다. 간장물에 담긴 하늘과 매화에 내 얼굴이 함께 어린다고 한다.

  우린 자주 만나진 못하지만, 마음은 늘 함께한다. 통화를 자주 하는 것도 아니다. 전화를 미처 못 하면 그리움이 차곡차곡 쌓여 그 또한 좋다고 생각한다. 때론 속 아픔을 토해내지 않으면 견디지 못하겠는 날, 친구에게 털어놓을까 하다가 나로 하여 상심할까 봐 그만둔다. 그래도 언제라도 내 마음을 받아줄 수 있는 친구가 있다는 것만으로도 얼마나 다행인가. 저는 저답게 나는 나답게 살려고 노력하는 것이 진정 친구답다고 생각한다.

  "주야, 너는 사바세계 속에 활짝 핀 한 송이 연꽃 같아."

  젊은 날, 내가 세상 속에서 어떻게 살아야 할지 방황하고 고심할 때, 난이의 따뜻한 진심 어린 말 한마디가 내가 어떤 모습으로 나아가야 할지 방향을 잡아 주었다. 자신의 존재감에 대하여 진정성 있는 격려를 해주는 사람이 세상에 과연 몇 있을까.

  난이는 내가 지금도 좋아하는 음악과 문학을 여전히 가까이하며, 내 색깔과 향기에 맞는 삶을 살고 있어서 너무 보기 좋단다. 진취적인 난이도 문학을 좋아하는데, 당당한 시골살이지만 힘듦을 알기에, 난이가 혹여라도 약해질까 봐 한때는 걱정스러웠다. 시간이 흐를수록 더 씩씩한 모습으로 살아가고 있는 난이가 자랑스럽다.

"네 삶이 진짜배기다. 나는 하찮은 재주로 말장난을 하고 있는지도 모른다. 나는 입말을 하고 있지만, 너는 몸말을 하고 있잖아. 네가 먹이는 식구들, 대문간에 있는 소와 강아지며, 생활을 위해 서이긴 하나 딸기며 깻잎이며 대추며, 논과 밭에 네 발길과 손길을 기다리는 말 못 하는 많은 생명을 보살피며 살리고 있잖아. 또 그 생명들은 사람들을 살리는 순환의 고리를 연결하고 있으니. 네 삶이야말로 진짜배기지. 너야말로 보살도를 행하고 있어."

친구란 서로 깨어 있게 하는 존재다. 순수했던 시절에 품었던 마음들이 겹겹의 세월에 바래지지 않도록 방부제 역할을 한다. 친구란 기도문이 같은 사람이 아닐까. 우리는 나란히 늙어 산다. 차분하고 부드러운 난이의 목소리가 수화기 속에서 들린다.

"나는 네가 있어 참 좋다."

"나도 네가 있어 참 좋다."

삼영극장

　어둠도 설레는 일이다. 어둠과 한통속이 된 시간이 꽤 근사하게 느껴진다. 뒤편에서 한 줄기 빛이 들어오자 눈 앞에 펼쳐진 희한한 세상. 누가 만들었는가. 어디서 어떻게 온 것인가. 나는 신기하여 고개를 젖혀 영사실 작은 창에서 새어 나오는 빛을 바라보았다. 먼지의 춤. 어둠 속엔 먼지가 살고 있었는지 빛을 따라 춤을 추고 있다. 어둠과 빛과 먼지의 춤이 요술을 부리듯, 현실 같기도 꿈같기도 한 세상을 스크린에 빚어내고 있다.
　우리 집 바로 앞에 있어 작은 내 가슴을 언제나 둥둥거리게 하던 곳. 영화 상영 시간이 가까워지면 사람들은 하나둘 그 커다란 건물 속으로 들어갔다. 잘생긴 남자와 예쁜 여자가 간판 속에서 자꾸만 우리 집을 쳐다보는 것 같아서였을까, 우리 식구들도 그

곳으로 빨려들듯 들어가곤 했다. 양장점 문을 닫을 수가 없어서 엄마도 언니도 극장에 갈 때면 혼자 가기 어색한지 나를 데리고 가곤 했다.

처녀인 예쁜 울 언니와 갈 때면 언니를 복도 쪽에 앉히고 옆 사람과 맞닿은 좌석엔 내가 앉았다. 영화 속 허장강 아저씨 같은 나쁜 남자가 언니 옆에 앉으면 안 되겠기에, 어리지만 언니를 지켜야 한다고 생각했으니까. 뽀뽀 장면이 나온다 싶으면 언니는 팔꿈치로 나를 툭 쳤고 두 눈을 손으로 가렸지만, 손가락 사이로 다 보였다. 가슴이 콩콩거렸다. 의리의 사나이 외팔이 왕우가 나오는 중국 영화를 오빠와 나는 특히 좋아했다. 팔 하나가 없는 비운의 시니이었지만 정의로운 세상을 위해 목숨을 걸고 불의와 싸우는 그는 나의 이상형 남자였다. 내가 본 영화 중에서 가장 슬픈 영화는 어머니와 둘이서 본 〈스잔나〉이다. 불치의 병에 걸린 여주인공이 마지막 숨을 거두는 장면에서 어머니가 어찌나 슬피 우시는지…. 여주인공이 불쌍해서도 눈물이 났지만, 당신의 멈추지 않는 눈물에 더욱더 슬퍼져서, 따라 한없이 울었다. 어쩌면 어머니는 얼마 남지 않은 자신의 시간을 예감했는지도 모른다.

사람들이 줄지어 들어가는 입구에 철봉처럼 생긴 쇠기둥에 매달려 놀기 좋아하던 계집아이. 집에도 안 가고 계속 대롱대롱 매달려 있으면 우리 집과 친한 극장 주인 백 씨 아저씨는 '대한 늬우스'가 끝날 때쯤이면 살짝 나를 넣어주곤 했다. 모르는 어른들 틈에 끼어 처음엔 주눅이 들어 있다가 거대한 화면을 마주하고 있으면, 가슴은 점점 부풀어 올라 내가 커지는 느낌이었다. 세상을 훔쳐보고 미리 보는 맛은 묘했다.

한번은 영화가 어디서 살고 있는지 궁금하여 빛이 흘러나오던 이 층 영사실로 향했다. '관계자 외 절대 출입금지'라는 글자가 붙어 있었지만 끝내 들어가 보았다. 비밀의 문을 열면 거대한 것들이 쏟아져 나올 줄 알았는데, 이상한 기계들과 둥그렇게 감겨 있는 필름만 있을 뿐 안은 너무 썰렁했다. 내가 본 것은 가짜며 거짓이란 말인가. 실망감이 밀려왔다. 속았구나 싶었지만, 비밀을 알아내었다는 것만으로도 수확이다 싶었다. 거짓이라도 눈감을 수 있다는 생각이 들었다. 가짜라도 오만가지 세상을 만날 수 있다는 건 너무 멋진 일이니까. 내가 살면서, 눈에 보이는 세상이 거짓일 수도 있다고 생각하게 된 건 아마 그때부터였는지도 모른다.

극장엔 환영 같은 것만 존재하는 것은 아니었다. 현실의 사람들이 스크린이 아닌 무대 위에서 실제의 모습으로 영화 같은 이야기를 펼쳐놓기도 했다. 쇼단이 오는 날은 극장 간판이 세워져 있는 곳에 악단이 서서 나팔을 불고 북을 치며 온 천지를 떠들썩하게 했다. 우리 집과 가까워서인지 땅이 흔들리고 가슴은 벌렁벌렁 내 혼이 둥둥 떠다녔다. 어머니는 양장점 문을 닫고 일하는 언니들까지 모두 데리고 쇼를 보러 갔다. 노래하고 춤추는 사람들과 손뼉을 치며 응원하는 사람들이 한 공간에서 한덩어리가 되었다.

함께라서 세상은 더 신나고 즐거운 곳이었다. 여성 국극단이 오기도 했는데 그들의 춤과 노래와 연기에 나는 홀딱 빠져 버렸다. 그들이 나누는 사랑과 슬픔, 때론 죽음조차도 열정적이고 아름다워 나도 저들처럼 뜨겁게 살고 싶다고 생각했다.

어머니는 무용을 배우게 했고 아세아국제예술대회에서 한국 대표로 금메달을 딴 나는 그들처럼 무대 위에서 춤을 추곤 했다. 노래도 곧잘 불러 인근 지역 창녕극장에서 트위스트김이 공연하는 쇼단과 함께 노래를 부른 적도 있다. 스크린 속의 삶과 밖의 삶, 무대 위와 아래가 크게 다르지 않음을 어렴풋이나마 체감했다.

다른 동네로 이사하면서 우리가 함께했던 추억의 삼영극장과는 멀어졌다. 어머니는 돌아가셨고 언니와 오빠는 결혼을 했다. 영화처럼 시간을 되돌릴 수도 당길 수도 있다면 얼마나 좋을까. 나는 혼자 또 다른 삼영극장을 드나들었다. 어쩌지 못하는 외로움과 그리움에 젖어 어둠 속에 앉아 있으면, 주변엔 아무도 없고, 영화 속으로 내가 우뚝 걸어 들어가는 느낌이 들기도 했다. 어떤 영화는 두 번 세 번 거듭 보았다. 인간적인 말이 그리워 메모지에 대사를 받아 적기도 하였다.

영화 속에서 삶을, 숱한 사람들을 만났다. 어쩌면 내 모습이며 이웃의 모습들이 거기 있었다. 보고 있지만 겪는 것 같은, 구경꾼이기도 주인공이 되기도 하며, 가까이서 들여다보기도 거리를 두고 바라보기도 하였다. 내가 가보지 못한 곳, 머물 수 없는 시간,

살아보지 못한 삶이 너무나 많다는 것을 알았다. 모든 순간순간은 다 특별하고 소중하며, 슬픔도 아름답다는 걸 느꼈다. 기쁨은 함께일 때 더 눈부시다는 것도 보았다. 견딜 수 없을 만큼 아픈 생도 흘러가는 시간과 함께 끝이 나서 다행이었다.

지금도 영화가 끝나고 밖으로 나오면 일어나는 묘한 어지럼증. 어둠과 빛이 교차하는 극장 안을 떠다니는 알 수 없는 기운과 수많은 문장이 묻는 듯하다. 세상이라는 큰 극장에서 너는 어떤 영화를 살고 있는가. 아직 상영 중인 인생은 어떻게 감독하고 연출할 것인가. 누가 극장을 짓고 누가 극장을 허무는지 알 수 없으나, 먼지 같은 인생, 'The End'라는 자막과 함께 홀연히 사라질 터.

남몰래 흘리는 눈물

슬픔도 공空이다

내가 본 건 공空의 실체인가. 내 나이 열여섯, 화장장 굴뚝의 연기가 되어 사라져버린 내 인생의 질대직인 어머니라는 색色. 불길은 삶과 죽음의 경계를 순식간에 태워버렸다. 그날 입은 화인은 내가 색에 집착할 때마다 나 또한 공이라며, '나를 없애라'고 되살아나곤 한다. 보이는 것들의 실체는 애초부터 없었다. 연기緣起에 의해 일어난 착시현상일 뿐. 나는 색色보다 공空을 확신한다. 그런데도 가슴 속 밑바닥에 끝없이 흐르는 슬픔의 강물은 무엇인가.

슬픔이 우리를 이어 주더라

고등학교 야간 자율학습 시간, 반에서 몰래 빠져나와 빈 교실을 찾아들었다. 자율학습을 하는 학생들 외에 전교생들은 다 각자의 집으로 돌아가고, 교실엔 어둠만 남아 있었다. 혼자다. 아무리 노력해도 나는 혼자에 익숙해지지 않는다. 지독한 외로움이 나를 에워쌌다. 눈물이 아니고는 달리 견딜 수 있는 방법이 없다. 사람을 보아도 풀꽃을 보아도 생명이 있는 것은 모두 죽음과 한몸으로 보였다. 생시에는 다시 만날 수 없는 어머니는 슬픔의 한 가운데에 나를 혼자 두고 가셨다. 삶과 죽음에 대한 해답을 얻지 않고는 빠져나올 수 없는 슬픔이었다. 어찌할 수 없는 한계 앞에 나는 슬픔이 습관이 되어 버렸고, 혼자 있을 때면 그리움과 외로움에 울곤 했다.

우는 소리가 들린다. 내 등뒤에서 누군가 울고 있다. 돌아보니 한 친구가 울고 있었다. 자리를 비운 내가 걱정되어 찾아 나왔다가 내 눈물과 함께한 것이다. 내가 우는데, 내가 울어서, 친구도 따라 울었다. 나 때문에. 나를 위해서 울어 주는 친구로 하여 눈물이 멈추었다. 슬픔이 우리를 이어 주었다. 사랑하는 사람은 그 사람의 슬픔을 사랑해 주는 사람이다. 내 슬픔을 들켜버린 그날 이후로 우린 평생을 함께하는 친구가 되었다.

소쩍새 슬피 울어

잠결에 누군가 우는 소리가 들리는 것 같다. 깨어 보니 친구가 방 한구석 어둠 속에 무릎을 세우고 앉아 울고 있었다. 놀라서 연유를 물었더니 내가 우는 소리에 깨어났다는 것이다. 어렴풋이 기억나는 건 꿈결에 들은 소쩍새 울음소리다. 내 베갯잇이 눈물로 축축하게 젖어 있었다. 소쩍새가 잠든 내 슬픔을 깨워 잠결에 울게 했나 보다. 남들 다 잠든 밤에 홀로 지새며 온 산이 울리도록 울고 있는 소쩍새. 얼마나 삼킬 수도 다 뱉을 수도 없는 쓰라린 슬픔이기에 저리 목이 쉬도록 울어대는가. 나는 살면서 그렇게 서러운 울음소리는 처음 들었다.

잠이 깬 우리는 많은 얘기를 나누었다. 결혼 후 친구의 가슴속에는 묻어 두었던 아픔이 참으로 많았다. 친구의 슬픔 앞에 눈물이 흐른다. 우리는 서로 눈물을 보태었지만, 가슴 한편이 서늘하면서도 따뜻해졌다. 친구와 나는 나란히 누워 손을 꼭 잡고 잠을 청했다. 창밖엔 지다만 달이 소쩍새의 심정을 아는 듯 모르는 듯 매달려 있다. 소쩍새도 슬픔을 내려놓으면 좋으련만. 곧 새벽이 밝아 오리라.

슬픔의 묘약

우리는 이미 근원적인 슬픔을 지니고 태어났다. 깨달으면 슬픔이 사라질까. 이 세상에 슬픔이 없다면 신의 존재가 무슨 필요가 있겠는가. 신은 깨닫기 전에도 깨달은 후에도 스스로 슬픔의 곁을 떠나지 않았다.

세상은 슬픔 천지라는 생각을 자주 한다. 나는 슬프다. 당신도 슬프다. 세상도 연일 슬픔을 토로한다. 다들 외상보다 내상이 많은 상처를 안고 드러내지 못하고 숨어서 운다. 그나마 우리의 슬픔의 얼굴은 닮은 면이 많아 서로 알아챌 수 있어서 다행이다. 아마도 이 세상 가장 마지막까지 남아 지켜보며 작별을 고하는 것은 슬픔일 것이다.

나는 살아오면서 진 눈물 빚이 많다. 지나온 내 슬픔 속에는 고통만 있는 것이 아니었다. 그 속에는 아름다움도 들어 있었다. 그것을 깨닫게 해 준 건 내 눈물과 함께해 준 고마운 존재들이다. 그들이 있었기에 슬픔을 견뎌내고 미소 지을 수 있었다. 나도 다른 이의 눈물과 함께하고 싶다. 그것이 이 세상에 남아 있는 내 삶의 이유라고 말할 수 있다면 좋겠다. 나는 슬픔에서 벗어나지 않으려다. 나는 내 슬픔의 촉수가 둔해지지 않기를 바란다.

노르웨이의 팝 가수 얀 베르너 다이엘센이 부르는 〈In Our Tears〉가 흐르고 있다. 도니제티의 오페라 〈사랑의 묘약〉 중에 나오는 아리아 '남몰래 흘리는 눈물'을 재해석한 곡이다. 가슴을 저미는 듯한 애절한 선율에도, 쓸쓸한 목소리에도, 슬픔을 치유하는 묘약이 들어있다는 느낌이 든다. 슬픔은 또 다른 슬픔으로 치유한다고 했던가. 슬픔의 묘약은 사랑이다. 다이엘센의 목소리가 가슴에 젖어 든다.

'나의 이름을 불러요. 우리가 어둠 속에 있는 당신을 찾을 수 있도록….'

장구가락 염불

　경계를 만나면 따지고 드는 습성이 걸음을 멈추게 한다. 사찰에 들어서는데 경건해야 할 경내가 스피커에서 쏟아지는 장구소리로 들썩거린다. 속되다는 생각이 들지만, 어찌 내가 감히 승속을 가를 수 있겠나. 평소와 다른 데는 그만한 연유가 있을 것이다. 귀 기울여 들어보니 그냥 장구소리가 아니라 가락 사이에 염불이 흘러나오고 있다. 귀에 익은 목소리다. 염불 잘하기로 이름난 스님께서 목탁을 내려놓으시고 장구채를 잡으신 모양이다. 소리의 자유 자재함이 풍경 속에 녹아들어 주변을 채색하고 있다. 장구소리가 내 몸속에 들어와 또 다른 장단을 흐르게 한다.
　봄이 흐드러져서일까. 한참을 듣고 있자니 서늘한 목탁 염불보다 들뜬 장구가락 염불이 이 계절엔 제격이란 생각이 든다. 꽃 천지다. 만발한 꽃들의 눈부신 상찬이 사방에 차려져 있다. 이 세상 모든 존재는 제 속에 꽃을 품고 있다고 말하려는 듯 작은 풀들조차도 꽃을 피웠다. 불어오는 바람에 단내가 묻어 있다. 따뜻한 봄햇살이 뜰에 넘친다.

안으로 들어가 부처님을 뵈어야 하는데, 오늘은 굳이 법당에 들지 않아도 될 것 같다. 안과 밖의 차이가 뭐 있겠나. 법석은 이미 바깥에 차려져 있는데. 이런 날엔 부처님도 봄 흥을 주체하지 못하고 밖으로 나오실 게다. 꽃과 나비와 나무와 새들에게도 설법하셔야지. 아니 오늘은 딱딱한 법문일랑은 내려놓으실 것 같다.

스님 한 분이 법당에서 나오신다. 사방에 봄기운이 가득한데 장구가락마저 흥을 돋우니 스님께서도 가부좌를 풀고 싶으셨을 게다. 걸음걸음에 장삼자락이 너풀거린다.

꽃이 피니 화산花山이요,
잎이 푸르니 청산靑山이라.
화장세계華藏世界가 바로 여길세.

합장하는 나에게 한 소절 툭 던져 주고 지나가신다. 순간 봄이 내게 확 다가온다. 봄은 어디 있다가 이제야 내게 왔는가. 나는 봄을 막연히 기다리기만 하고, 정작 봄이 왔을 때 봄을 놓쳐버렸던 게 아니었을까. 봄은 거듭 왔는데, 나는 오늘에야 봄을 제대로 보는 것 같다.

　걸음을 옮긴다. 이즈음엔 절에 오면 선사들의 돌무덤이 있는 부도밭으로 향하곤 한다. 저 돌 속에는 무엇이 있을까. 저 견고함 속에 무엇을 담아 지키고 싶었을까. 영원히 사라지지도 지워지지도 말라고 돌 속에 새겨 놓은 것은 무엇일까. 돌무덤 돌 뚜껑으로 닫아 놓았지만 눈 있는 자는 볼 것이고 귀 있는 자는 들을 것인데, 나는 늘 침묵과 고요만을 더듬을 뿐이다. 오늘은 장구 염불이 예까지 따라와 내 귀를 두드린다. 장구소리에 아득한 추억이 묻어 온다.

　어머니도 이렇게 꽃이 피는 화창한 봄이면 사람들과 함께 들놀이를 나가셨다. 다른 사람들은 장구를 다룰 줄 몰랐기에 흥을 살리기 위해 어머니가 장구를 메셨다. 당신의 장구 솜씨는 전문가 수준은 아니었지만, 선이 굵고 정확하며 군더더기가 없었다. 기량이 뛰어나진 않았지만, 중심을 잡기엔 충분하였다. 사람들은 어진 마음으로 그 장구가락에 맞추었다. 한량이라고 소문난 아버지는 큰 장단 사이사이에 화려하고 빠른 잔가락을 집어넣으며, 맺고 풀고 때론 자지러지듯 사람들을 어르고 달랬다. 그가 소리가락이라도 뽑을라치면, 사람들은 더욱 덩실대며 어깨춤을 추었고 추임새를 넣기도 하고 또 곡조를 뽑기도 하였다. 봄날의 열린 공간에서 사람들은 근심도 걱정도 미움도 원망도 다 내려놓고 함께 어울려 신명을 풀어내었다. 어린 나는 나무 뒤에 숨어 그 광경을 구경했다.

평소에는 말수도 적고 웃음소리조차 크게 내지 않는 어머니였다. 춤을 추는 당신의 표정은 마치 다른 세계에 가 계신 듯했다. 봄꽃과 어울려 나풀대는 한복치마는 한 송이 봄꽃이었다. 내가 무용학원을 다녀서인지 사람들이 나의 손을 잡아끌었다. 나는 어느새 흥에 겨워 어른들 틈에 끼여 춤을 추었다. 각자였지만 우리는 춤으로 한덩어리가 되었다. 둥근 원을 만들고 한 사람씩 가운데로 들어가 춤을 추기도 하였는데, 그 사람을 빙 둘러싸고 기운을 모아 추는 춤은 참으로 인상적이었다. 혼자 추는 춤은 아름답지만, 함께 추는 춤이 더 아름답고 행복하다는 것을 그때 나는 몸으로 알았다.

부모님 돌아가시고 늘 등뒤가 서늘했는데, 오늘 내 등뒤에 내리는 봄볕이 너무나 따뜻하다. 끊이지 않는 장구소리가 시간을 이어 준다. 한바탕 봄꿈이라도 꾸고 싶나. 부도에서 오도송悟道頌이라도 들려올 것 같다. 선사도 돌 속에서 걸어 나오시고, 나도 그리운 이들도 모두 함께 한순간에 멋진 봄춤을 추고 싶다. 꽃은 피는가 하면 질 것인데, 꽃이 지듯 나도 언젠가는 질 것인데, 또 어느 봄날을 기다려 춤출 것인가. 이 장단에 못 추면 어느 장단에 춤출거나. 구성진 장구염불 속에 경허선사의 〈입산가入山歌〉가 흘러나온다.

세상만사 모든 일을
홀연히 생각하니
한바탕 꿈이로다.
(…)
꽃 피고 새 우는 곳
훨훨 뛰어다니면서
나나리 나나리로
태평가를 불러보세.

시, 연행하다

 시가 살고 있는 주소지는 어딜까. 시를 찾아 길을 나서보지만, 시의 모습은 내게 좀처럼 보이지 않는다. 순간 언뜻 시가 보여 따라가다가도 발이 걸려 넘어져 멈춰 서기 일쑤다. 내게 시는 늘 저만치에 있다.
 그는 끊임없이 시를 찾아내어 사람들 앞에 데려온다. 시를 발견해 내는 예리한 감각과 끝내 완성하고야마는 불굴의 정신은 도대체 어디서 비롯되는 걸까. 그를 두고 '주변에서는 소도둑처럼 생긴 사람이 시를 쓰다니 불가사의한 일'이라고들 말한다. 건장한 체격에 눈은 또 어찌나 부리부리한지 그와 눈을 맞추기가 어렵다는 사람들도 꽤 있다. 궁금증이 자꾸 고개를 든다. 시보다 그를 추적해 보면 시의 주소지를 더 쉽게 발견할 수 있지 않을까 하는 생각이 든다. 어느 날 그가 무례한 새댁을 데려왔다.

아마도
전직이 강력반 형사였다지요

육순이 넘은 지금은
어느 아파트 보안요원이라지요

말이사 보안요원
경비나 다름이 없다지요

어제는
갑의 호출을 받고 달려갔다지요

호적초본 잉크도 안 마른
애숭이 새댁에게 불려 갔다지요

불려 간 사연
우습다 못해 눈물나더라구요

파리채 냅다 던지며

쏘아대는 따발총 명령

저기 기어가는
바퀴벌레 잡아 죽이라는 거였다지요

살인강도 잡던 형사
바퀴벌레 잡는 신세가 되었다지요

포도청 목구멍
속은 끓어도 겉으론 고분 했다지요

바퀴벌레는 못 잡아도
남편은 잡을 것 같은 여자

앙칼지고 표독스런 여자를
만나고 온 우울한 날이었다지요

- 정현복, 〈무례한 새댁〉 전문

  나는 그제야 그의 정체를 짐작할 수 있었다. 그는 전직 형사였다. 그에게 시는 용의자와 다름없을 거라는 생각이 든다. 현직에 있을 때 범죄자를 쫓듯 시를 쫓고 있을 것이니, 시도 그 앞에선 먹

살 잡혀 맥을 못 추는 모양이다. 그는 밤새 시의 집 앞에 잠복하고 있었는지 주로 아침이면 수시로 시를 연행해 온다.

그는 한때 부산 시경에서 악명 높은 강력계 형사반장으로 범죄와의 전쟁을 치르며 젊은 시절을 보냈다. 집을 나설 때면 액자 속에 들어 있는 '그대는 정의의 사도, 불의를 행한 자에게는 철퇴를 내리고, 가난하고 약한 자들의 방패가 되라'는 좌우명을 가슴에 새기며 현장으로 달려갔다. 만인의 가슴에 한숨을 걷어내고자 정의를 위해 앞만 보고 뛰었다. 날밤을 새워가며 굵직굵직한 사건들을 처리해 내어 '항도의 범죄 해결사'란 수식어가 따라다녔다. 그러나 시간이 흐를수록 '이게 아닌데, 이게 아닌데'라는 생각이 자꾸 들었다. 쳇바퀴 돌듯 범죄자를 잡아 옥에 가두는 악역에서 벗어나야겠다는 생각이 거듭 들었고, 마침내 '마패를 반납하고 스스로 옷을 벗었다. 날개를 접은 독수리가 되었지만 홀가분했다.'

고향 거제로 귀향하면서 학창 시절 꿈꾸던 작가의 길을 걷기 위해 문학에 입문하였고, 지금은 시인이자 수필가가 되어 자신의 색깔에 맞는 삶을 영위하고 있다. 그는 고향 '서정 마을 끄트머리 꽃밭에 와서 꽃에서 바다 냄새와 어머니 냄새를 맡으며 산다.' '시 쓰기를 배우며 문학의 바다에 빠진' 그는 '내가 맑아지고 세상이 밝아지는 중독'에 빠져 산다. 지인의 추천으로 아파트 보안실에서 근무하며 노동의 가치를 소중히 여기며 진솔한 삶을 살고 있다. 주민의 안전을 지키고, 밤샘 근무를 하며 시 작업을 하기도 한다.

쉼 없이 작동하는 그의 안테나는 '까치 부부가 나무 꼭대기에 집을 짓다가 건축 자재를 실수로 떨어뜨린 부실공사 현장에서 쓴 수사보고서'를 독자 앞에 제출하기도 한다.

그는 세상이 잘못될까 봐 쉬지 않던 감시의 눈초리를 아직도 놓지 못하고 있는 모양이다. 그는 지금 시인의 눈으로 세상의 비밀을 캔다. 그의 시 속에는 다양한 유형을 지닌 사람들의 삶의 현장과 갖가지 이야기가 펼쳐진다.

'상여 나갈 때 구성지게 앞소리 하던 그리운 그 어른', '어두운 단칸방에 숨어 살다시피 했던 허깨비 같았던 바다 사내 통발배 선주 갑진이', '손주들을 먹이고 입히기 위해 생선 비늘 묻은 종이돈을 침 발라 세는 비린내 팔자 팔남이 아지매', '신辛라면을 푸라면으로 읽는 베트남에서 시집온 인사성 밝은 새댁 탄투이'….

'겨우내 보이지 않던 2급 장애인 진용이가 휠체어 타고 삼양상회 술 미시러 온 것을 보며 봄'이 왔음을 그는 감지한다. '단골집 삼양상회에 두꺼비 소주 한 병을 맡겨 놓고 하루 몇 번씩 들락거리며, 한 잔 마시면 바다에 가고, 또 한 잔 마시면 또 나가는 종환이 영감'의 뒤를 밟아 '꽃게 배 타러 갔다가, 물에 빠져 죽은 큰아들을 데려간, 한 맺힌 바다를 향해 삿대질하는' 장면을 목격하고 돌아와 그는 삼양상회에서 쓰디쓴 소주를 마신다.

시인은 이 세상에서 가장 슬픈 사람을 위해 대신 울어 주는 사람이 아니던가. 행복은 누구에게나 공평해야 한다. 그는 세상의 황량하고 후미진 곳에서 소외되어 외롭고 힘들게 살고 있는 약자들을 데려와 옆에 앉힌다. 그는 사람들의 무관심과 편견에 대하여 시를 통하여 호소하고 있다. 기울어진 세상의 균형을 회복하기는 힘들지만, 인정으로나마 서로의 존재에 대한 의문과 해답을 함께 찾아갈 수 있다면 얼마나 좋겠는가. 각박한 세상사에 굳어 버리고 말라 버린 가슴을 녹이고 적셔 주고자 그는 슬픔 한 자락을 시어로 담아 노래하고 있다.

그의 시는 분칠도 화려한 옷도 입히지 않아 솔직하다. 읽고 있으면 있는 그대로의 진실을 직면하게 된다. 평범한 사람들의 소박한 민낯과 고단한 삶이지만 씩씩하고 당당하게 살아가는 이야기를 그의 구수한 입맛을 통해 느껴지는 세상맛은 꽤나 좋다.

형사와 시인이 추구하는 세상은 다르지 않다. 그가 현장에서 썼던 형사 수첩은 온몸으로 쓴 또 한 권의 시집이었다. 한때 악의 무리를 쫓던 수사 방향이 선으로 바뀌었지만, 그 귀결점은 같다고 할 것이다. 이 세상의 잘못 쓰인 시를 붙들어서 인간 냄새 풀풀 나는 좋은 시로 바꾸고자, 그는 지금도 온몸으로 고쳐 쓰는 작업을 하고 있다. 그는 그때도 지금도 시의 바다에 미친 듯 빠져 산다. 세상을 향한 그의 시선이 나를 넘어 너를 위한 이타의 것이기에 큰 에너지가 터져 나오는 것이리라.

형사로서 지새야 했던 불면의 밤과 시인의 밤은 결코 다르지 않다. 그가 밤을 새워 싸우며 지키려 한 건 바로 시인의 마음이었다.

형사 시절에도 그의 가슴속에는 시가 들어 있었다. 그 시가 그를 버티게 해 주었고 그를 그답게 했을 것이다.

우리 모두의 가슴속에는 각자의 시가 들어 있다. 아버지에게는 아버지의 시, 어머니에게는 어머니의 시, 대통령에게는 대통령의 시, 농부의 시, 주부의 시, 성직자의 시…. 산다는 건 자신의 시를 발견하고, 자신의 시를 자신답게 써 내려가는 것이다. 우리는 시를 살아야 한다. 자신의 이름으로 제대로 쓴 시가 주변과 어우러질 때 세상은 더욱 세상다워진다.

그는 지금도 불면의 밤을 보내고 있을 것이다. 알아주는 이 없어도 어둠 속에서 아침을 건져 내기 위해, 머릴 싸매고 온몸으로 부딪히며 지새우는 그의 숱한 불면의 밤에 찬사와 감사를 보낸다. 오늘밤에도 그가 소리치며 추격하는 소리가 들리는 듯하다.

"시 너! 거기 서!"

은유, 그 하나 됨

깨닫지 못한 나는 늘 비유를 붙들며 산다. 비유가 없다면 어리석은 내가 어찌 알아들으며 흉내라도 내겠나. 사랑도 내겐 비유 속에서 가능하다.

작품을 쓰면서 표현의 중요함과 그 의미를 점점 절감하고 있다. 국어시간에 배워 문법으로만 느껴지던 비유법이 방법론이 아닌 본질론으로 내 앞에 우뚝 서 있다. 문학은 말장난이 아니다. 백지 앞에 앉으면 나는 작은 점이 되어 어디로 어떻게 가야 할지 막막함에 빠져 고심하게 된다. 나 혼자 걸어가야 하는 외로운 길이지만 다른 사람들과 함께하는 인생길이기에, 내딛는 걸음걸음이 무겁고 조심스럽다. 나는 문학을 내가 택한 또 하나의 구도의 장이자 삶의 현장이라고 생각하고 있다. 문학은 삶의 표현이자 실현이다. 낱말을 발견하고 문장을 완성한다는 건 나 자신과 나를 둘러싼 세계에의 발견과 공존을 뜻한다. 내 안에 가둬 놓고 혼자 하는 생각이라도 스스로의 검열이 필요한데, 언어를 부려 살려내야 하는 작가는 말에 대한 책임감과 행함이 따라야 한다. 말을 빌리는 것이 아니라, 말 그 자체여야 할 것이다.

돌이켜보니 직유법의 사고와 언어를 빌려 쓴 지 오래되었다. '~같이'를 습관처럼 반복하며 비유를 일삼았다. 자신 있게 다가가고 싶었지만, 지혜도 이해도 부족했고 자신감 결여와 때론 지나친 겸손으로 망설이곤 했다. 무엇보다 마음의 문을 활짝 열지 못했기에 제대로 받아들이지도 확신하지도 못했다. 어쩌면 직유적인 접근법에 길들어 정면으로 다가가지 못하고 주변에서 서성대었던 게 아닐까. 내겐 신도 진리도 세상도 당신도 늘 어른거렸고, 한 걸음 떨어져 있었다.

비유를 한다는 건 당신을 읽는다는 뜻이며 숨겨져 있는 세상의 비밀을 알아낸다는 것이다. 비유의 국경선은 없다. 어디든 어느 것이든 자유롭게 넘나들 수 있다. 당신을 향한 생각의 깊이와 폭이 깊어지고 넓어져 동질성을 발견하여 따뜻함으로 감싼다면 얼마나 좋을까. 너와 나의 구별도 없어지고 어느새 경계는 사라져 세상이 훤하게 보일 것이다.

직유가 감각이라면 은유는 직관이다. 직유가 유사성을 더듬는 거라면, 은유는 동질성을 발견하는 것이다. 은유의 무한한 확산,

은유는 하나 됨을 바탕으로 유한한 내가 무한으로 확장하는 것을 의미한다.

'은유로 표현하고 은유적인 삶을 살 수 있어야 한다.'는 생각을 처음 하던 날 가슴이 떨렸다. 통해야 한다. 보이는 세계와 보이지 않은 세계를 창조적인 깨달음으로 연결해야 한다. 그 깨달음을 혼자 마음속으로만 품는 것이 아니라, 표현을 통하여 세상과 공유해야 한다. 말로만이 아니라 진정성으로, 몸으로 써야 한다.

은유는 불이不二다. 자타만물일여自他萬物一如. 만물의 본질은 같다. 이름만 다를 뿐. 찾고자 하는 것을 발견하여 호명하는 순간 구별도 차별도 없이 하나가 되어야 한다. 이질적인 것을 녹이고 호흡을 불어넣어 새로 태어나게 해야 한다. 은유를 통해 또 다른 몸을 빌리지만 한몸이어야 한다. 천수천안千手千眼의 무한한 변화와 묘용이 이와 같지 않을까.

모든 존재는 은유다. 이 세상에 머물러 있는 동안 나와 당신의 관계도 은유다. 안에서도 밖에서도 존재하는 은유. 그 은유는 의미에 불과한 것이 아니라 존재 그 자체, 실존이다.

'세계일화世界一花'. 만공선사가 허공에 꽃을 심었다. 선승 만공을 은유법의 대가라고 해야 하나. 그가 쓴 건 비유법이 아니다. 언어를 빌려 심었으나 언어로 피운 꽃이 아니다. 그의 꽃은 진리였으며, 사방에 꽉 찼으나 텅 빈 공空이었다.

어느 날, 말도 생사도 버리고 그는 홀연히 떠났다.

허명虛名

 누가 호명하였는가. 아무도 부르지 않았는데 가슴에 이름표를 달고 봄이 온다. 거기 있는 줄 몰랐는데, 꽃 진 자리 기억하지 못했는데, 긴 침묵 끝에 마침내 다가온다. 따뜻한 호명에 산천초목의 속살이 보이고 꽃 몸이 열리며 응답하는 소리가 사방에서 들려온다.

 왜 허명虛名이란 단어를 썼냐고 물었다. 작가라는 이름은 하늘이 내려주는 것인데, 선배 시인이 내 등단 소감에 들어 있는 허명이란 단어가 마음에 걸린단다. 작가로서의 자부심과 책임감을 그가 지니고 있는 게 분명하다. 문예지를 발행하는 외롭고 고단한 작업을 하는 그는, 자신뿐만 아니라 작가들이 제 이름값을 할 수 있도록 천명天命을 다하고 있으리란 생각이 든다.

이름을 버리고 싶다는 생각에 빠져 있었다. 이름은 사람과 사람 간의 관계를 잇는 문패에 불과한 것인데, 제가 주인 행세를 하며 사람을 조종하고 구속하고 있는지도 모른다는 생각이 자꾸만 고개를 들었다. 때론 인연의 끈에 묶인 이름의 무게에 눌리어, 이름에서 탈출하면 내가 가벼워질까, 그런 생각도 했었다.

육신만큼 함께 지내온 이름. 어릴 적 누가 내 이름을 부르면 크게 대답해야 한다고 생각했다. 이름이 곧 나라고 알았으니까. 눈에 보이지 않지만, 가슴에는 이름표가 늘 달려 있으며 그것을 떼는 날이 생의 마지막 날이라 여겼다. 너와 나의 이름표는 다르기에, 나와 너는 다르다고 생각하며, 너와 나를 구별하고 경계 지었다.

곁에 있던 사람들이 하나둘 먼저 세상에서 소멸해 가며, 이름도 존재도 죽음 앞에선 아무것도 아니라는 것을 증명했다. 문패를 떼고 나면 진짜배기 주인이 존재의 집에서 나타날까. 이름도 주인도 집도 결국 무無가 아닌가.

작가라는 이름의 정확한 의미와 무게를 모르면서, 세상에서 가장 아름답고 가치 있는 이름인 줄 알고 흥분하며 받았다. 자아와 삶의 본질을 발견하여 사람과 세상에 대한 사랑과 연민을 품고 공유하는 자가 작가일진대, 어리석어 정작 볼 것은 보지 못하고 얄팍한 귀만 자꾸 열려 떠돌고 있다. 문학은 만만하지 않다. 본질을 망각하고 말장난하며 세상을 어지럽히고 날뛰는 자에게, 스스로 함정에 빠지도록 덫을 놓아두었다. 주변에서 일어나는 부조리한 상황들을 바라보면서 나 또한 예외는 아니겠다고 생각했다. 수필가라는 이름값도 제대로 못 하면서 시인이라는 이름까지 받으니 경계하여 깨어 있자고, 내 안에서 허명이란 단어가 튀어나왔다.

작가란 자신의 이름을 버리고 이 세상의 모든 존재와 하나가 되는 이가 아닌가. 마주한 대상에 마음대로 드나들며 호흡을 불어 넣어 일체가 될 수 있는 특권을 부여 받은 이름이 은유의 마술사 작가일 것이다.

봄길에 서서 고운 이름들 불러 본다. 스스로는 이름을 가지지 않는 무욕의 존재들. 내 이름을 버리고, 나도 꽃이 되고 새가 되고 바람이 되고 싶다. 무엇보다 만물 속에 존재하는 부처가 되고 싶다. 나는 감히 허명을 꿈꾼다.

잡雜과 나

잡 : 그대는 막연한 순수지향주의자인가. 실체가 없는 관념 속의 자아만을 추구하는 것은 아닌가.

나 : 순수지향주의자는 아니네. 내 속엔 속물근성이 있어. 나는 늘 경계에 서서 흔들리고 있네.

잡 : 경계에 있다는 건 깨어 있다는 뜻이야. 자유롭다면 문제 될 거 없어.

나 : 자유는 벗어남을 뜻하는가. 섞이고 물든 이 삶에서 온전히 벗어남은 불가능하다는 생각이 드네. 살아갈수록 경계를 허문다기보다 경계 자체를 잊어버려야 한다는 생각이 드네.

잡 : 벗어나려고 정면을 피할수록 본질과 멀어지지. 경계를 잊는다는 건 통하겠다는 의지로 들리네.

나 : 한때 자유를 꿈꾼 적이 있었다네. 자유라고 말했지만, 도피였는지 모르네. 현실에서 희망과 구원을 찾는 길이 요원한 청춘 시절이었네. 저 너머에 대단한 무엇이 있는 것처럼 꿈을 꾸는 것만으로도 위안을 삼았지. 하늘에 의지하고 싶었으나 닿을 수 없었고, 땅을 제대로 짚지 못하여 떠다니는 기분이었어.

잡 : 이상과 현실 사이에서 균형을 잡기란 쉽지 않지. 대부분 절반의 삶을 살기 쉽다네.

나 : 사방이 컴컴했지만, 등불을 켤 생각을 잊은 채 한동안 어둠 속에 있었네. 나는 나만 있는 줄 알았네. 같은 공간에 많은 존재가 공존하고 있었건만. 그때 부처를 만났네. 그는 만물이 부처라며, 나도 곧 부처라고, 자신과 나를 동격화했다네. 그에게선 권위도 입발림도 느껴지지 않았네. 부처도 나도 인간의 몸을 빌렸으니, 어쩌면 나도 부처가 될 수 있겠다는 생각이 들더군. 부처를 쫓아, 그가 기거하는 집이 산에만 있는 줄 알고 산중을 헤매기도 했다네. 부처처럼 깨달은 자가 되고 싶었거든. 하지만 그는 어른거리기만 할 뿐. 그를 따라다니느라 지쳐 나는 나마저 잃어버린 느낌이었네.

잡 : 그대가 곧 부처라고 했는데 자신을 믿지 못했나 보군. 부처를 밖에서 찾아다녔으니.

나 : 그즈음 임제(臨濟, 당나라의 선승禪僧)라는 부처의 제자를 만났다네. '부처를 만나면 부처를 죽이고, 조사를 만나면 조사를 죽여

라.' 정신이 번쩍 들더군. 기분 좋게 한 대 맞는 기분이었어. 부처가 되겠다는 나 자신부터 죽이라고 하는 것 같았네. 스승의 허상을 과감하게 깨트려 보일 수 있는 훌륭한 제자를 둔 부처는, 진짜 부처가 맞겠다는 생각이 들었네.

잡 : 그래서 부처를 죽였는가?

나 : 그 뒤로 한동안 부처의 방에 들지도, 고개 숙여 인사하지도 않았네. 똑바로 서서 그를 다시 보고 싶었거든. 하지만 나는 내가 너무 무거웠네. 어느 날 법당 바닥에 무릎을 꿇고 머리를 조아리며 나를 내려놓는데, 그만 눈물이 나더군. 하심下心. 하심이 얼마나 나를 자유롭게 하는지를 그때 깨달았어.

잡 : 바닥에 있는 부처와 이마를 제대로 맞대었나 보군.

나 : '도란, 밥 먹을 때는 밥 먹고 잠잘 때는 잠자는 거'라고 노스님께서 말씀하셨네. 도는 일상 속, 평상심에 있는 것을. 산속을 헤매던 마음이 하산하는 기분이었다네.

잡 : 하산이라. 사람들이 어울려 사는 곳은 낮은 곳이지. 몸도 마음도 낮은 곳에 두어야 하네.

나 : 그리고 저잣거리에서 조르바를 만났지 뭔가. 그는 자신이 있는 곳이 광산이건 술집이건 저잣거리건 마음껏 활보하는 남자였네. 지나가는 이들이 의미 있는 눈길로 그를 쳐다보며 잡놈이라고 수군거렸지만, 그는 개의치 않았네. 그가 추는 당당하면서도 멋진 '조르바 댄스'는 존재의 춤이었네. 여자든 고기든 빵이든 주

변의 모든 것들과 유쾌하게 관계를 맺는 그는, 만물에 불성이 있음을 발견한 자라는 생각이 들었네. 어떤 감정도 형이상학의 체로 거르지 않고, 자유로이 경계를 넘나들며 잡과 뒹굴며 사는 그는 가슴이 살아 있는 진짜 인간이었네.

잡 : 잡이라, 그대가 비로소 나의 얼굴을 제대로 알아본 것 같아 반갑네. 만물의 가치를 저울에 달아보면 무게가 같을 것인데. 사람들은 늘 인간 중심, 자아 중심에서 판단하고 행동하지. 착각이 빚어낸 취사선택과 편견이야말로 가장 큰 장애인 것을. 사람들은 나를 낮추어 본다네.

나 : 잡이 어때서. 너도, 나도 잡 아닌가. 몸도 정신도 잡의 총체지. 섞이고 물들고, 잡은 경계를 벗어났다는 말이 아닌가. 그리고 마침내 하나가 된다는 거지.

잡 : 관계를 맺는 순간 통하여 하나가 되어야 하네.

나 : 그대의 진면목을 알아차린 것 같아 기쁘네. 수필을 쓰면서 잡의 가치를 점점 발견하고 있네. 삶의 도처에서 그대의 참모습을 발견하여, 사소한 일상이 얼마나 아름답고 소중한 것인지를 실현하며, 참으로 인간적으로 살고 싶네. 수필을 신변잡기라며 은근히 무시하는 자들이 있는데, 그대의 가치를 모르는 것이 분명하네.

잡 : 그런 자들은 이상에 치우친 자들일 거야. 공부든 사랑이든 진리든 일상에서 실현되지 않으면, 현재 속해 있는 시간과 공간 속에 제대로 발을 담그지 못하네. 삶이 신변을 벗어난 적이 있나.

이 세상에 잡 아닌 것이 어디 있나. 신변잡기를 탐구하는 이야말로 지혜로운 자이며, 신변잡기와 뒹구는 자야말로 행복할 것이네.

나 : 수필과 함께하면 할수록 수필이야말로 가장 인간적인 문학이며, 더 나아가 인간학이란 학문이라는 생각이 든다네. 나는 늘 깨어 있어, 일상이 도임을 증명하는 작품을 쓰고 싶네.

잡 : 그대의 중심과 방향이 세상 속에 속해 있어 안도감이 드네. 문학은 활자 속에 박혀 있는 것이 아니라 움직이는 것. 문학을 살아야 하네. 사람들이 삶의 현장을 바르게 직시하도록 잘 제시해 주게.

나 : 제대로 쓰려면 제대로 살아야 할 텐데. 나를 찾기도 쉽지 않으이.

잡 : 나라는 1인칭만 붙들지 말고, 2인칭, 3인칭으로 확장해 나가네. 만물을 배경물이나 부속물이 아닌 존재의 격으로 보게. 그들을 통하여 자신의 모습을 발견할 수도 있을 것이네. 나는 그대가 세상 만물이 내는 소리를 진심을 다하여 들어주었으면 하네. 특히 그들이 우는 소리에 간절히 귀 기울여 담아 주게나.

세재(世齋)

　대체로 천하의 만물이란 모두 지킬 것이 없고, 오직 '나'만은 지켜야 하는 것이다. 내 밭을 지고 도망갈 자가 있는가. 밭은 지킬 것이 없다. 내 집을 지고 달아날 자가 있는가. 집은 지킬 것이 없다. 내 정원의 꽃나무와 과실나무 등 여러 나무들을 뽑아갈 자가 있는가. 그 뿌리는 땅에 깊이 박혔다. 나의 책을 훔쳐 없애버릴 자가 있는가. 성현의 경전이 세상에 퍼져 물과 불처럼 흔한데 누가 능히 없앨 수 있겠는가. 옷과 식량을 도둑질하여 나를 군색하게 하겠는가. 천하의 실이 모두 내가 입을 옷이며, 천하의 곡식은 모두 내가 먹을 양식이다. 도둑이 비록 훔쳐간다 하더라도 한두 개에 불과할 것이니 천하의 모든 옷과 곡식을 없앨 수 있겠는가. 그런즉 천하의 만물은 모두 지킬 것이 없다.

유독 이른바 나(吾)라는 것은 그 성품이 달아나기를 잘하여 드나듦에 일정한 법칙이 없다. 아주 친밀하게 붙어 있어서 서로 배반하지 못할 것 같으나 잠시라도 살피지 않으면, 어느 곳이든 가지 않는 곳이 없다. 이익으로 유도하면 떠나가고, 위험과 재화가 겁을 주어도 떠나가며, 심금을 울리는 고운 음악 소리만 들어도 떠나가고, 새까만 눈썹에 흰 이를 한 미인의 요염한 모습만 보아도 떠나간다. 그런데 한 번 가면 돌아올 줄을 몰라 붙잡아 만류할 수 없다. 그러므로 천하에서 가장 잃어버리기 쉬운 것이 나(吾) 같은 것이 없다. 어찌 실과 끈으로 매고 빗장과 자물쇠로 잠가서 굳게 지켜야 하지 않겠는가.

― 정약용, 〈수오재기守吾齋記〉에서

나는 몸입니까, 정신입니까. 나를 지키라 하셨습니까. 다 잃어도 나는 잃어버리지 말라고 하셨습니까.

저는 내가 있는 줄 알고 나를 지키려고 헛심을 빼며 살아왔던 것 같습니다. 나를 힘주어 말하다가 부풀려져 나라는 망상에 빠졌던 적이 많습니다. 저를 단속한다는 것이 도리어 스스로에 갇히고, 제가 쳐 놓은 금줄에 발목이 감기기 일쑤였습니다. 저의 경계 대상 1호는 나였습니다. 현상적이고 상대적인 허깨비 나에 속아, 저는 허탕의 순간을 보낸 적이 많았습니다.

꽃은 한철도 다 살지 못합니다. 며칠 피어 허공에 잠시 머물다 사라집디다. 어제 보았던 사람이 오늘은 보이지 않습니다. 세월과 함께 사라진 사람이 주변에 점점 많아지고 있습니다. 모든 생명은 다 그러하다는 걸 눈으로 확인도 했습니다. 저 역시도 마찬가지라는 거 압니다. 점점 지워지고 사라질 거라는 것. 그러니 나라고 하는 것을 놓아야 한다는 생각이 듭니다.

선생님이 말씀하신 나를 지키는 집 수오재守吾齋를 눈으로 확인하고 싶었는데, 이 땅에선 찾을 수가 없었습니다. 선생님의 고향 마을 마현이 두 달 동안 밤낮을 가리지 않고 내린 장맛비에 다 쓸려갔다고 들었습니다. 그렇게 약현 형님께서 머무시던 수오재도 사라져 버렸더군요. 혹시나 현판 글씨라도 남아 있을까 기대하였는데, 그 또한 흔적조차 없으니 애석하기 그지없습니다. 집이라는 것, 그 또한 영원성은 없는 것이지요.

저는 집의 의미를 잘 모르겠습니다. 집이 그립다고 생각한 적이 있습니다. 제가 온전히 쉴 수 있는 집 말입니다. 저는 일찍 집을 잃었습니다. 어머니 돌아가시자 제게 집은 사라졌습니다. 의지하고 사랑할 수 있는 사람이 없는 집은 빈집과 다름없었습니다. 유형의 집이 전부가 아니라는 생각이 든 것은 그때부터였던 것 같습니다.

결혼하고 집이 생겼습니다. 자식이라는 인연은 닿지 않아, 남편하고 단둘이 살고 있습니다. 누가 먼저 떠날지는 장담할 수 없으나 저보다 나이가 많은 남편이 떠나면, 다시 인간의 집을 잃어버리게 되리란 생각이 듭니다. 옛 습관이 되살아나 다시 외로워지겠지요. 독거, 쓸쓸한 외로움이 아니라 당당한 홀로움이 되자고, 고립이 아니라 독립이기를, 저에게 주문하고 있습니다.

선생님께서 이르시는 집은 존재의 집이겠지요. 저는 아직 저를 온전히 찾지 못하였기에 저라는 집이 절실하지 않은 것 같습니다. 그 집은 지도에 없는 집이라, 어리석은 제가 찾기에는 더 어려우리라고 생각합니다.

차라리 길 위의 삶을 선택하려 합니다. 안에 집착하면 갇힐 수 있습니다. 밖으로 나간 나를 찾아, 도로 집으로 돌아오게 해야 한다는 것 또한 자신을 둘로 쪼개는 일일 것입니다. 안과 밖의 구별을 없애야 할 것입니다. 어느 한쪽에 기울면 온전하게 존재하지 못합니다. 길 위에서 수많은 나를 만나게 되리라 생각합니다. 그 나라는 것도 시시각각 시간과 공간이 다른 관계의 접촉면에서 생성되고 움직이기에 같은 나는 아닐 것입니다. 인연을 소중히 하며 저를 발견하려 합니다. 집이 존재라면 길은 관계가 아닐는지요.

선생님께선 참 나를 이르신 거지요. 나만이 나겠는지요. 세상 사람 모두가 자신에게는 나입니다. 모든 '나'가 하나가 되는 세상이면 좋겠습니다. 나무와 꽃들은 있는 그 자리가 존재처지요. 본성을 잃지 않은 채 세상과 더불어 살아가고 있습니다. 찾아서 걸어두고 싶었던 '수오재'라는 현판을 마음에서 떼어냅니다. 노재路齋를 붙일까 하다가 그만둡니다. 선생님이 말씀하신 집은, 내 집이 아니라 우리의 집이며 세상이라는 집일 것입니다.

| 작 | 품 | 론 |

성찰과 수행을 통한 슬픔의 승화

이운경(문학평론가)

1. 문학의 터전, 어머니의 부재와 외로움

　이양주의 수필작품은 편안하게 읽을 수가 없다. 마치 불교 경전이나 기도문을 읽는 것처럼 경건하고 엄숙하다. 법당에서 부처님을 향해 절을 올리듯, 작품마다 수행과 기도와 노래가 연주된다. 비유컨대 오케스트라가 연주하는 장엄한 교향악을 듣는 듯하다. 음악을 향한 숭고한 열정과 순결한 종교성은 화자의 정신세계를 이루는 근간이다. 그가 걷는 걸음마다 비우고 내려놓고 노래하며 진아眞我를 찾아 나선다. 이처럼 이양주에게 수필 쓰기는 수행이며 도道를 향해 나아가는 기도이다. 대상과 언어가 함유하고 있는 종교성은 초월적 정신세계, 즉 자유로운 진아를 지향한다. 다행스러운 것은 이양주의 수필작품은 문학을 초월하고 문학성을 삼켜버리는 대문자 종교의 한계를 극복하고, 일상적이고 구체적인 실천성을 보여준다는 점에서 주목할 만하다.

　문학은 존재의 상처와 결핍에서 기인하는 불안과 고독에서 발아한다. 행복한 표정으로 찍은 가족사진이 숨기고 있는 한숨과 절규를 민감하게 감지하여, 생의 불가피성이나 불완전성에 대하여 질문을 던진다. 환언하면 문학은 누군가의 속울음에 담겨 있는 "존재의 결여"(모리스 블랑쇼)를 비추는 것이다. 하여, 모든 문학은 세계의 완전성에 질문을 던지고, 불완전성에 애도를 표하는 행위이다. 체험과 기억, 성찰을 축으로 하는 현대수필도 마찬가지다. 존재의 비애나 불가피한 운명을 승인하고, 내면의 상처를 승화하는 애도의 풍경을 자주 연출한다. 자아의 의지와는 무관하게 우주에 내던져진 존재가 온몸으로 겪어내야 했던 상처와 불안, 고독을 되짚어보면서 자아는 성장하고 나를 재발견한다.

이양주 수필세계를 들여다보면 중심부에 어머니의 죽음과 외로움이 자리한다. 화자가 단발머리 적 영영 세상을 등진 어머니를 향한 무량한 그리움과 적막한 외로움이 강물처럼 작품을 적시며 흐른다. "그리움은 말 그대로 '그것이-내게-없다'(I-miss)는 사실에 터하는 정서"(김영민,《차마, 깨질 뻔하였다》, 185쪽)인데, 이는 삶의 근원적 어긋남인 어머니의 부재로부터 기인한다. 그리움은 소유하거나 감각할 수 없는 모성에 대한 화자의 기저정서이자 문학의 발원지이다. 그래서 끊임없이 솟아난다. 그리움이란 정서를 텃밭삼아 이양주는 음악과 문학에 발을 내디딘다. 문장마다 그리움의 누액淚液이 흥건하다. 인간에게 불가항력인 죽음이라는 화두, 무덤도 없이 강물에 흘러가 버린 어머니의 부재는 화자에게 거역할 수 없는 숙명과도 같은 것이다. 어머니의 부재로 인한 고독과 그리움은 화자의 몸속에 스며들어 생각과 행동, 가치를 지배하는 하나의 이념으로 작동한다. 즉 거리두기가 불가능한 어떤 가치 체제이며, 감정의 잉여를 뛰어넘는 기저정서로 자리 잡는다.

어머니의 부재와 그로 인한 감정은 작품 안에서 어떻게 발현하는가. 어떤 장소나 대상을 마주했을 때 자동사처럼 어머니를 떠올리거나, 주제나 소재의 후경後景으로 등장하기도 한다. 가령 한 줌 재로 강물에 흘려보낸 어머니를 갠지스 강가에서 떠올리고(〈젖은 경전을 읽다〉), 무용수들의 열정적인 춤을 보면서 사라진 어머니의 몸과 삶과 죽음을 사유한다(〈몸의 협주곡〉). 공연장에서 악사들이 연주하는 음악을 들으면서 "내 곁엔 어머니라는 무상의 곡비가 있었다"(〈곡비哭婢 울다〉)라며 어머니를 떠올린다. 어머니는 화자의 전 생애에 걸쳐 깊은 슬픔과 짙은 그리움, 서늘한 고독 등을 상징하는 기표이자 동시에 그가 겪어낸 상처의 총량을 지칭한다. 아울러 "어머니가 강물에 한 줌 재로 흘러가 버린 후, 아무리 돌아누워도 혼자라고 생각되던 시절이 있었다"(〈관觀 치治 농弄〉)에서 말했듯이 고독과 그리움은 이양주 수필세계를 성장시킨 부엽토였다. 화자 스스로 "어쩌면 내 삶은 어머니의 빈자리를 찾아 그 의미를 물어왔던 것인지도 모른다(〈그리움의 자리〉)"라며 어머니의 죽음과 부재, 그리움이 문학의 출발지이며 종착지임을 고백한다.

 대다수의 작품에 어머니의 색채와 그림자가 어른거린다. 어머니를 향해 손을 뻗을수록 그의 욕망이 도달한 그곳에 어머니는 없다. 오히려 부재하기에 그리움이란 감정의 연쇄적 고리로 이어진다. 그런데 이양주가 어머니를 그리는 방식은 특이하다. 모성의 결핍과 어머니의 부재를 초월적 세계로 끌어올려 승화하는 방식을 선택한다. 부재하는 어머니를 그리는 욕망은 치명적으로 현실 '그 너머'를 향할 수밖에 없다. 그에게 어머니는 소재주의의 클리셰를 뛰어넘어 화자의 삶과 사유세계를 지배하는 정령精靈과도 같다. 저장된 기억을 되살려 재배치하고 해석하기보다 초월적 세계에서 어머니를 상상하고 모성의 결핍을 채워간다. 초월적 세계로 오르는 사다리가 음악이고 문학이다. 상상력이 종교성과 결합하면서 슬픔 자체에 매몰되지 않고 한층 승화된 내면 풍경을 보여준다. 막연한 그리움이 예술혼으로 승화되고, 서늘한 외로움이 자비로 전환한다. 요컨대 이양주에게 어머니란 미망未忘을 깨우는 죽비竹篦이며, 마음속에 살아있는 부처이며, 문학의 원형으로 자리매김한다.

2. 경계를 초월한 스며들기

근대사회의 총체성이 붕괴되면서 복잡해진 세계와 고립된 인간은 소통 부재와 분열증을 앓고 있다. 인간은 자본과 기계의 시스템에 복속된 채 하나의 부품으로 전락하고, 자아와 세계는 유리되어 접속을 통한 연결을 시도할 뿐이다. 이런 세계의 급류 속에서 수필의 주체도 강력한 권한을 내려놓을 수밖에 없다. 그간 수필은 자아 밖의 모든 대상을 주체의 권한 아래 줄 세우고 통제했다. 주체와 객체의 자리도 분명한 선을 긋고 분리했다. 수필 쓰기를 통해 흐트러진 자아를 수습한다든가, 주체를 압박하는 주변을 정돈하면서 자기의 세계를 강화하는 태도를 지향했다. 최근에는 수구적 태도를 버리고 수용적 자세로 진향하는 모습이 등장한다. 자아를 무력하게 만들거나 압박하는 세계와 대립하고 저항하기보다 손을 내밀어 화해하고 서로에게 스며드는 방향으로 진화하는 것이다. 본래 문학의 자리란 만상萬象을 인간과 나란히 앉히는 자리가 아닌가.

오래 전부터 현대에 이르기까지 문학이 지향하는 것은 개인의 '자아(안)'와 그를 둘러싼 '세계(바깥)'와의 관계 맺기이다. 이 관계성은 개개인의 삶과 타고난 기질, 스타일에 따라서 다르다. 세계와 대립하면서 저항하는 자아가 있는 반면, 자아와 세계가 조화롭게 동행하며 관계 맺는 경우도 있다. 때로는 자아와 세계가 날선 각을 세우다가 서서히 서로에게 스며드는 경우도 있다. 현대수필은 비판하거나 대립하기보다 화해와 공존을 지향한다. 이는 수필의 본질인 성찰성과도 연관이 깊다. 자아를 성찰하는 과정에서 대립각을 무디게 하거나 스스로 마음의 문을 열고나와 세계를 향해 악수를 청하기도 한다. 수필 쓰기라는 과정을 통과하면서 자아는 세계와의 관계를 개선하고 화해하는 포즈를 취한다. 이 모든 태도가 수필가의 스타일이며 개성으로 귀착된다.

이양주 수필이 관계 맺는 방식은 안과 밖의 경계가 사라진 스며들기이다. 고등학교 시절부터 불교에 심취한 화자는 일상에도 종교적 가치가 깊이 스며 있다. 내려놓고 비우고 공空으로 돌아가기이다. 불가의 가르침은 부재하는 어머니의 빈자리를 채우며 화자의 뼛속 깊이 새겨진다. 불가의 교리와 삶의 윤리가 만나는 접점을 고민하고, 세속의 실천적 수행 속으로 자아를 온전히 밀어 넣는다. 종교적 교리를 실행하는 자리가 곧 삶의 현장이며, 어디든 내가 머무는 곳이 법당이 된다. "자신의 절터는 마음으로 채우고 비우면 될 것"(《내가 깨어나지 못한 시간에도》)이라든지, "나는 음악을 통해 무집착 무소유 무존재가 무엇인지를 배우고 체득한다"(《음악, 말 걸다》)처럼 삶 자체가 수행이다. 음악활동도 수필 쓰기도, 아이들을 가르치는 일도 선禪, 즉 수행의 방편으로 여긴다는 말이다. 이처럼 이양주 수필작품의 수면 아래를 흐르는 중심 사상은 불교의 가르침과 수행과 실행이다. 생활 속에서 종교적 교리와 일상의 수행이 만나고, 자아와 세계와의 경계가 사라진 풍경을 자주 만난다.

  수필작품을 통해 표현되는 불교의 가르침과 실행하는 양상은 안과 밖의 뒤섞임, 혹은 스며들기로 드러난다. 이런 깨달음과 실천은 어디에서 비롯된 것일까. 이런 양상도 어머니의 부재에서 기인한다. "몸의 부재가 주는 부재는 그 어떤 것으로도 채울 수 없는 것이어서 추구하면 할수록 공허는 더 커졌고 그리움과 외로움은 더 깊어갔다"(《몸의 협주곡》). 몸과 정신을 이분법으로 분리하던 사고에서, 몸의 부재가 정신의 공허로 연결된다는 사실을 깨닫는다. 이런 사유체계는 예술의 세계로 확장한다. 가령 "제대로 된 춤은 내면과 외향이, 안과 밖의 호흡이 일치한단다"(《조율하십니까》)라며 무용수가 몸으로 춤을 추지만, 그 춤에 무용수의 내면이 묻어난다는 말일 터이다. 또 다른 작품에서도 "소리하는 자도 듣는 자도 하나의 곡조에 녹아들어 어느새 분별이 없어진 느낌이다"(《곡비哭婢 울다》)라며 무대에서 공연을 펼치는 공연자나 객석에서 공연을 감상하는 관객이나 음악으로 일체가 된다고 한다. 요컨대 안과 바깥, 나와 너, 주체와 객체 등 모든 분별을 뛰어넘어 뒤섞인다.

　수필에서 종교는 위험한 대상이다. 종교의 믿음과 세속의 욕망이 어긋나는 까닭이다. 특히 문학은 인간의 욕망이나 불완전성을 솔직하게 드러내는 예술 장르가 아닌가. 불교의 비움과 문학의 욕망은 이율배반적이다. 전자가 안으로 침잠하는 하강 이미지라면, 후자는 밖으로 표출하는 상승 이미지이다. 이런 어긋남을 이양주는 어떻게 조율해내는가. 다행스러운 것은 종교의 대문자 교리가 언설이나 관념적 차원에서 머물지 않는다는 점이다. 화엄사의 산사음악회 공연장에서 "밖에서 들리는 소리에 안에서 감응하는" 체험을 한다든지, 해 질 녘 바닷가에서 차를 세우고 대금산조를 들으면서 "바다가 달빛에 젖고, 달빛 또한 바다에 젖으면 나도 젖는" 음악과 자연과 자아가 혼연일체가 된다. 절집에서 스님과 차를 마시고 일주문을 나오면서 "승僧과 속俗, 안과 밖, 이곳과 저곳, 너와 나의 분멸이 없다"라며 불이不二를 사유한다.

　이양주 수필에서 드러나는 일련의 사유 체계는 이쪽과 저쪽이 손잡거나 서로에게 스며드는 풍경을 연출한다. 마치 여러 색상의 유화 물감을 한곳에 풀어놓으면 유려한 곡선을 그리면서 서로에게 스며들듯이. 이런 점이 주체와 객체, 자아와 타자로 뚜렷한 대립각을 설정하던 이전의 수필과는 다른 지점이다. 이분법적 구도가 주체의 색채를 고수하는 완고한 고체성이라면, 경계 흐리기 혹은 스며들기는 유동적이고 액체성이다. 이런 양상은 주체의 해체와는 다른 층위의 변신이다. 일부 전위적 수필가들이 시도한 주체의 권한 포기와 다성

적 목소리의 도입, 상상과 환상의 차입 등도 주체의 강력한 체제를 바꿈으로써 수필 자체의 변신을 시도한 것이다. 이양주가 추구하는 '스며들기'도 주체의 태도 변화와 더불어 가치체계의 변화까지 염두에 둔 시도이다. 불교의 가르침을 일상생활에 깊이 수용하고 실천하려는 화자의 내면 의지이다. 이런 지점은 현대수필이 일상성을 토대로 국지적 일리─理를 추구하던 것에서 벗어나 초월적 진실에 가닿으려는 이양주 수필의 겸허한 욕망이라 볼 수 있겠다.

3. 성찰을 통한 주체로의 승화

이양주의 수필이 여타 수필과 다른 지점은 수필 쓰기와 음악활동, 종교적 수행을 나란히 둔다는 점이다. 불교의 원천지가 인간관계에서 발생하는 망상을 없애고 마음의 평화를 추구한다면, 구체적이고 복잡다단한 일상에서 건져 올린 일리─理를 표현하는 것이 수필문학이다. 음악은 난맥상으로 얽힌 지상에서 이륙하여 추상적 세계에서 상상과 감각을 극대화할 수 있는 장르이다. 불가의 관념성과 철학성을 꼭짓점에 두고, 수필의 구체성과 실천성을 왼쪽 하단에 배치하고, 음악의 추상성과 상상력을 오른쪽 하단에 두면 완벽한 삼각형의 기하학적 구도가 탄생한다. 이 세 개의 축이 이양주 삶을 지탱하는 기둥이면서, 흔들리지 않는 마음으로 세상을 헤쳐 나가는 든든한 뒷심이다. 아울러 그녀의 삶을 풍요롭게 해주는 텃밭이기도 하다. 그 중심에 두 손을 가지런히 모으고 기도하듯 정가正歌를 부르는 이양주가 서 있다.

불교의 철학성과 수필의 성찰성, 음악의 추상성이 묘하게 조화를 이루면서 아름다운 화음을 이룬다. 그렇다면 이양주는 이 세 지점들을 어떻게 연결하여 자신만의 무늬를 직조해 가는가. 가령 "마음을 소리의 선율 위에 놓는다. 맑고 고요한 물에 나를 비추는 느낌이다"(〈관觀 치治 농弄〉)라든가, "나는 소리를 하며 나를 관觀하고 다스리는 시간을 가진다"(〈고요를 부르다〉)라고 진술한다. "단순한 무대가 아닌 구도의 장에서 기도하듯, 진지하고 진정성 있는 모습으로 연주하는 그들"(〈자명自鳴-화엄음악제에 붙여〉)처럼 산사 음악회를 가서도 성찰의 일기를 쓴다. 화자 자신이 정가를 부를 때도 "소리를 통해 나를 본다"(〈관觀 치治 농弄〉)라며 어떤 자리에서든 기도와 성찰의 자세를 취한다. 자아를 버리고 자리에 따라 가만히 자기를 내려놓는다. 주체의 자리에서든 객체의 자리에서든 자기를 응시하고 성찰하는 태도는 변함없다. 이처럼 이양주는 다양한 음악활동도 진아眞我를 찾아가는 수행의 과정으로 생각한다.

"글쓰기의 수행성performativity에 메타적-실존적 시선을 얹어 행위 자체를 공부의 매개이자 표현으로 구성해내는 일은"(김영민,《집중과 영혼》, 284쪽) 이양주가 수필 쓰기를 자기 성찰의 밑절미로 삼는 것과 일치한다. 어쩌면 수행의 존재 방식은 성취할 수 없는 이상이며 확인할 수 없는 불가능에 불과한지도 모른다. 불가능에 도전하는 것은 문학적 운신의 본령이다. 음악활동과 수필 쓰기를 나란히 두고, 이런 행위를 앎과 성숙의 과정으로 승화하는 수행의 태도에 주목한다. 예술활동을 수행의 과정으로 여기는 태도는 삶과 앎이 어긋나는 괴리로부터 자신을 해방시키는 일이며, 자신이 서 있는 자리에 자기만의 집을 짓는 일이다. 자신이 살아가는 현실의 체계를 무시한 채 공중을 부유하는 수필의 집은 위태롭다. 집이란 삶의 무늬와 성숙의 모습을 담아낼 때 그 자리가 깊고 풍요로워진다. 다행스럽게도 이양주의 수필 쓰기가 삶과 생활이라는 컨텍스트와 밀착하여 어울리고, 수행의 과정으로 일상 속에 스며드는 모습이 자연스럽다.

이양주의 수필에서 성찰적 자아가 발현하는 방식을 좇아가면 흥미로운 지점들이 보인다. 하나는 외부의 소리를 통해 내 안의 자아를 직접 바라보는 방식이다. 가령 소리를 하면서 나를 관觀하거나, 산사음악회의 연주를 들으면서 몸으로 공명共鳴을 느낀다든가, 산사의 종소리가 자신의 몸을 투과하여 다시 세상 속으로 회향回向한다는 등의 방식이다. 음악이라는 추상적 화음을 자신의 내면으로 받아들이는데, 그 방식이 매우 직관적이다. 논리나 사유를 거치지 않고 몸으로 호흡하고 수용한다. 이때 자아(내부)와 소리(외부)는 어떤 매개물도 거치지 않고 직접 교통한다. 음악과 자아를 분리하지도 않고, 음악을 어떤 대상으로 바라보지 않는다. 음악에 자아를 겹치고 포개며 둘이 아닌 하나가 되고자 한다. 화자의 표현대로 제의祭儀에 참여하는 사제처럼 음악에 자아를 온전히 위탁하고 교감한다.

또 다른 방식은 자연물을 통한 변증법적 성찰의 방식이다. 주로 꽃을 불러오는데, 꽃의 아름다움이나 개화라는 현상 자체에만 주목하지 않는다. 가령 화엄사의 흑매를 보면서 꽃이 피기까지 견뎌낸 수많은 시련을 떠올린다거나, 지심도의 동백꽃을 보며 바람을 견디는 조용한 절규를 상상한다. 즉 한 송이 꽃이 피기까지의 전후 맥락을 사유한다. 흑매와 동백꽃이라는 대상의 고혹적 아름다움이나 향기에 주목하기보다 그 꽃이 견딘 시간을 상상하고 추론하고 의미를 부여한다. 꽃이 개화하기까지의 인내와 시련의 시간을 자아에게 투사한 다음, 마침내 자연과 내가 합일하는 방식을 보여준다. 이런 과정을 도식화하면 '대상(꽃) → 자아 투사(성찰) → 또 다른 나(합일)'로 귀결한다. 이런 변증법적 성찰의 과정을 통해 화자는 "내 맘속에 살아 숨 쉬는 법당"(《흑매당黑梅堂》)을 앉히고, "무욕無慾의 사랑"(《지심도 연가》)을 깨친다. 그래서 이양주 수필 속 자아는 내면의 유약한 자아 ego로 머물지 않고 한층 승화된 주체subject로 재탄생한다.

이양주 수필문학은 '그리움'과 '고독'의 터전에서 발원하여, 수행의 과정을 거쳐 마침내 도달한 곳은 '마음의 집'이고 '음악의 숲'이다. 불교적 색채가 강하고, 음악을 소재로 한 작품이 많다. 모든 작품의 수면 아래에는 수행과 기도의 소리가 깔려 있다. 그래서 묵직하고 경건하고 청신하다. 한 편의 기도문을 읽듯 독자를 긴장시키는 힘과 내면의 진정성이 문장에 반영되어 있다. 그의 문장에 담긴 진정성은 새삼스럽고 종교적 울림을 전한다. 내 안에서 바깥으로, 바깥에서 안으로 스며드는 호흡과 태도는 이양주 수필의 특질이다. 가인歌人 이양주는 마음을 닦듯이 정가를 부르고, 수행 일기를 쓰듯이 수필을 쓴다. 이런 염결성이 도처에 깔려 있다. 수필은 고승의 아득한 경지가 아니라 살아남은 자의 필사적인 몸부림이다. 불완전한 인간이기에 끊임없이 쓰고 기도할 수밖에 없다. 이양주의 '참 나'를 찾아가는 길이 그래서 아름답고 숭고하다.